« *Purées santé pour bébé* regorge de trouvailles étonnantes pour les familles, incluant des recettes, des astuces pour manger des aliments biologiques obtenus localement, avec en plus, des suggestions pour adopter un mode de vie simple et durable. Ce livre est merveilleux ! »

Rachel Lincoln Sarnoff, PDG et directrice administrative
Healthy Child Healthy World

« Avec des photos qui vous mettront l'eau à la bouche, *Purées santé pour bébé* offre de délicieuses recettes qui ont déjà fait leurs preuves. Toute la famille en redemandera. Anni Daulter vous entraîne dans le monde culinaire des aliments pour bébés n'utilisant que les ingrédients les plus frais et les plus sains. Vous y trouverez un éventail de recettes, de la simple purée pour votre bébé qui commence à manger de la nourriture solide aux amuse-gueules que toute votre famille appréciera. Il est génial de découvrir enfin un livre sur les aliments pour bébés qui fait le tour du jardin : des recettes rapides à préparer, accessibles et fraîches, délicieuses pour les enfants de tous âges. »

Martha Lee, maman blogueuse pour PaulaDeen. com

« Que ce soit pour nourrir votre bébé ou simplement pour vous "dorloter", ce livre écrit par l'auteure Anni Daulter, une mère branchée, vous permet de cuisiner des plats en combinant des recettes incroyables réalisées à partir d'ingrédients frais. »

Kathy Kaehler, entraîneuse de vedettes, porte-parole et auteure de *Mom Energy*

Purées santé pour bébé

**Des repas nourrissants pour votre tout-petit
et le reste de la famille**

**Avec des recettes
pour transformer vos
restes de purées en de
savoureux repas dont
toute votre famille
se régalera**

Anni Daulter

Photographies d'Elena Rego
Traduction Pierre Lagacé

Hurtubise

Purées santé pour bébé
Des repas nourrissants pour votre tout-petit et le reste de la famille

Copyright © 2013, Éditions Hurtubise
pour l'édition en langue française en Amérique du Nord

Titre original de cet ouvrage:
Bountiful Baby Purées

Les Éditions Hurtubise bénéficient du soutien financier des institutions suivantes pour leurs activités d'édition:
• Gouvernement du Canada par l'entremise du Fonds du livre du Canada (FLC);
• Gouvernement du Québec par l'entremise du programme de crédit d'impôt pour l'édition de livres;
• Société de développement des entreprises culturelles du Québec (SODEC).

Édition: Céline Hostiou
Traduction de l'anglais: Pierre Lagacé
Révision: Élyse-Andrée Héroux
Montage de la couverture: René St-Amand
Graphiste: Rita Sowins/Sowins Design
Mise en pages: Nathalie Tassé
Correction: Corinne Dumont

Toutes les photos sont d'Elena Rego à l'exception de celles-ci:
Denne Boring/http://dennealisephotography.com: page 20 (en bas à gauche)
Cari Ellen Hermann/www.cariellen.com: page 87
Alexandra DeFurio/http://defuriophotography.com/: pages 11 et 183
Tnah Louise/www.bellafacciafoto.com: pages 60, 64 (en haut à gauche) et 102 (en bas à gauche)
Gina Sabatella/www.sabatellafoto.com: pages 6 (en haut à gauche), 15, 18 (en haut), 45, 62 (en bas à droite), 68, 89 et 105 (à droite): Adam Ziglar/http://adamziglar.posterous.com/: page 1

Arrangements des plats: Anni Daulter, www.deliciousgratitude.com

Édition originale produite et réalisée par:
Fair Winds Press, une maison d'édition de Quayside Publishing Group
100 Cummings Center, Suite 406-L
Beverly, MA 01915-6101, États-Unis

Copyright © 2012, Fair Winds Press
Copyright © 2012, Anni Daulter pour le texte
Copyright © 2012, Fair Winds Press pour les photographies

ISBN (version imprimée): 978-2-89723-196-5
ISBN (version numérique PDF): 978-2-89723-291-7
ISBN (version numérique ePub): 978-2-89723-292-4

Dépôt légal: 3ᵉ trimestre 2013
Bibliothèque et Archives nationales du Québec
Bibliothèque et Archives Canada

Diffusion-distribution au Canada:
Distribution HMH
1815, avenue De Lorimier
Montréal (Québec) H2K 3W6
www.distributionhmh.com

Mise en garde
Nous avons déployé beaucoup d'efforts afin de nous assurer que les renseignements contenus dans ce livre sont complets et exacts. Cependant, ni l'éditeur ni l'auteur ne prétendent donner des conseils d'ordre professionnel. Si vous avez des questions précises au sujet de votre santé personnelle, nous vous recommandons de vous adresser à un professionnel de la santé. Cet ouvrage ne remplace nullement une consultation médicale. L'éditeur ni l'auteur ne peuvent être tenus responsables d'éventuels problèmes résultant de l'utilisation de cet ouvrage.

Imprimé en Chine

www.editionshurtubise.com

✳ **Dédicace** ✳

À toute ma famille, pour leur amour et leur soutien de tous les instants.
À mon mari Tim, je t'aime. J'apprécie ton soutien plus que tu ne
pourrais jamais l'imaginer. À Zoe, qui m'a enseigné la patience et la
créativité, Lotus, la beauté à son état pur, Bodhi, le plaisir et le rire,
et River, la confiance et le partage.

À tous les bébés et à leur famille qui, grâce à ces pages,
seront nourris par l'amour de leurs parents. Que les découvertes de
ce merveilleux monde culinaire pour bébés soient remplies de saveur,
d'aventure et d'amour.

Anni

À mon Jon Brown, ta présence et ton soutien constant durant ce petit
projet étourdissant furent l'appui nécessaire pour le mener à terme.
Je t'aime énormément.

Elena

Sommaire

préface

Nourrir, nourriture et amour.

Quand il s'agit de nourrir nos enfants, notre objectif premier, comme pour tout parent aimant, est de leur offrir une alimentation délicieuse et de qualité. Des statistiques indiquent que les aliments biologiques, qui contiennent plus de nutriments et moins de toxines que les aliments traditionnels, aident le corps d'un enfant à grandir, et ce, plus sainement. On pourrait également faire valoir qu'une grande variété de saveurs, d'odeurs, de textures et de couleurs aide les enfants à développer leurs sens avec plus d'acuité. Enfin, soulignons l'importance de l'influence des tout premiers repas dans la vie d'un bébé et de l'interaction entre famille et nourriture.

Toute mère ne désire rien de moins que le meilleur, autant pour le bien-être de son enfant que pour le sien. Pourtant, surgissent des questionnements sur la signification d'une saine alimentation et les défis à relever pour mettre en pratique nos connaissances. Il devient alors souvent difficile de traduire ces dernières en actions. Les familles peuvent se sentir coincées et interpellées, puis finir par se rabattre sur des solutions de facilité qu'elles ne souhaitaient pas vraiment.

C'est ici qu'Anni Daulter intervient avec son amour, sa compassion, ses connaissances et ses réponses, fruits d'années d'expérience. Dans ce livre, Anni montre aux mères comment maintenir le cap et leur enseigne comment nourrir leur bébé et le reste de leur famille avec des aliments pleinement nourrissants. À l'aide de suggestions utiles et d'explications claires sur la qualité des aliments, Anni vous ramène à votre objectif premier, vous démontrant que ces questions peuvent être abordées un repas à la fois.

En tant que diététicienne œuvrant auprès de mères de tous les milieux, je suis ravie de vous présenter Purées santé pour bébé. Utilisez ce livre comme un outil, avec les autres ouvrages d'Anni. Vous compléterez ainsi votre bagage de connaissances et pourrez bien nourrir vos enfants, votre famille et vous-même, tous les jours de la semaine.

Ashley Koff, diététicienne
Auteure de Mom Energy : A Simple Plan to Live Fully Charged
http://www.ashleykoffrd.com/

introduction

Comme mère, je sais qu'assurer à vos enfants la meilleure alimentation possible est une de vos préoccupations. En commençant du bon pied, vous vous rendrez la vie beaucoup plus facile par la suite. Tout le monde aime manger des aliments frais et délicieux, même votre bébé. Il est donc important d'investir temps et énergie pour préparer une nourriture faite maison. C'est un cadeau que vous offrez à votre enfant et il en bénéficiera toute sa vie. La transmission de traditions culinaires et alimentaires saines et respectueuses de l'environnement constitue un héritage inestimable. Ces valeurs contribueront à encourager un mode de vie sain. Je veux que ce livre devienne une ressource fiable vers laquelle vous tourner au moment de nourrir votre famille, pour vous aider à choisir des aliments que vous serez fière d'apprêter. Je sais que le sujet de l'alimentation de votre bébé vous touche de près. Je sais également que les parents se sentent inquiets quand leur bébé ne mange pas ce qu'il devrait, ou mange ce qu'il ne devrait pas. Je veux essayer d'apaiser certaines de vos inquiétudes avec des trucs, des idées et des recettes simples qui vous aideront à partir du bon pied en utilisant pour votre bébé des aliments frais et sains.

Je crois que les traditions alimentaires et culinaires découlent de notre compréhension et de notre reconnaissance de la provenance de la nourriture, et des transformations qu'elle subit. Quand les parents possèdent ces connaissances de base, ils peuvent transmettre ces informations essentielles à leurs enfants au moment où ceux-ci commencent à manger de la nourriture solide. Ainsi, leurs enfants devenus adultes poursuivront dans cette voie et choisiront à leur tour de meilleurs aliments. En bout de course, comme parents, nous faisons tous ces efforts afin que nos bébés et nos enfants grandissent pour devenir des êtres humains en bonne santé. Nous espérons qu'ils feront eux-mêmes des choix éclairés concernant leur alimentation. Mais pour y parvenir, ils auront besoin d'outils. Les bébés mangent ce que nous leur donnons, les enfants mangent ce qu'ils sont habitués de manger, et les adultes mangent ce qu'ils aiment. Comme parents, nous pouvons aider à tracer la voie qui mènera nos enfants à vivre en forme dans un environnement sain.

Purées santé pour bébé vous invite à cuisiner pour votre bébé selon les saisons, et ce, en utilisant des ingrédients biologiques frais provenant de votre région et accessibles dans votre localité. Toutefois, avec en tête l'image d'une corne d'abondance, je voulais vous en donner encore plus. En tant que maman ayant à cœur le bien-être de vos enfants, je désirais écrire un livre de recettes qui vous donnerait de nouvelles idées pour cuisiner pour votre bébé. Dans ce livre, vous trouverez en outre des trucs sur la façon d'intégrer ces merveilleux aliments et purées pour bébés dans les repas destinés à toute votre famille. Pour celles d'entre vous qui ont, comme moi, plusieurs enfants, ce livre est un trésor de surprises. Je me suis rendu compte que lorsque nous préparons beaucoup de nourriture pour notre bébé, une trop grande part finit par être gaspillée. Notre bébé n'a pas suffisamment d'appétit pour tout manger, ou il n'est pas intéressé. Si nous intégrons les purées aux repas de la famille, nous épargnons du temps, du travail et de l'argent. De plus, c'est un excellent moyen d'ajouter toutes sortes de nutriments à nos repas. J'aime que les recettes présentées dans mes livres puissent s'adapter aux gens de tous âges. Je crois fermement que tous, même les bébés, devraient participer à la préparation des repas. Je vous invite à explorer, échanger et partager ces recettes « 2 en 1 », tout en prenant soin de votre nouveau bébé et de votre famille durant toutes les saisons de votre vie.

Avec ma gratitude,

Anni

les principes de base

Gérer l'alimentation d'un jeune bébé peut sembler intimidant au départ, mais rappelez-vous que les bébés sont en fait de petites personnes, et que leurs premières bouchées sont de petites bouchées. Il est important de garder ceci à l'esprit puisque chaque bébé est différent. Certains bébés commencent à manger de la nourriture solide plus tôt que les autres. Parfois, les garçons mangent avant et davantage que les filles. Parce que les bébés sont des êtres humains, nous ne pouvons appliquer à tous les enfants des règles préétablies. Nous devons être à leur écoute, décoder leurs signaux et faire confiance à notre approche. Si vous vous sentez anxieuse devant l'alimentation de votre bébé, il le sera aussi. Mais si vous êtes heureuse et détendue, votre enfant le sentira probablement.

Le bébé est généralement prêt à goûter la nourriture solide pour la première fois vers l'âge de six mois environ, lorsqu'il peut s'asseoir tout seul. Évitez d'introduire des aliments solides dans son alimentation avant cet âge; il n'en a pas besoin et son système digestif n'est pas suffisamment mûr pour les traiter.

Quand arrive ce moment magique, faites goûter à votre bébé des aliments solides en lui offrant de petites bouchées à la fois. Ne le forcez jamais à manger. Il se peut que votre bébé, à l'occasion, tousse ou semble avoir des haut-le-cœur; c'est un réflexe naturel. Habituellement, il n'est pas en train de s'étouffer et il n'y a pas lieu de paniquer. Vérifiez s'il n'a pas dans la bouche un morceau trop gros.

Qu'il soit installé sur vos genoux ou dans une chaise haute quand il goûte à la nourriture, il est essentiel que votre bébé participe aux repas en famille afin qu'il développe de saines habitudes alimentaires.

Le lait maternel, rien de meilleur !

Le lait maternel constitue la nourriture principale durant la première année de vie d'un bébé. Je le considère comme le meilleur aliment naturel qu'un être humain ingère au cours de sa vie. Rempli d'anticorps nécessaires à la formation du système immunitaire, le lait maternel intervient en plus dans la croissance de votre bébé. Gardez ceci à l'esprit quand vous serez inquiète à ce sujet, surtout si votre bébé ne prend pas tout de suite des aliments solides.

Ceux-ci sont un supplément au lait maternel durant la première année de vie et ils ne devraient pas le remplacer. Certains bébés commencent à manger des aliments solides seulement vers l'âge de dix ou onze mois. Cela ne pose aucun problème, pourvu qu'ils soient nourris au lait maternel. Donnez le sein aussi longtemps que vous le voulez. L'Organisation mondiale de la santé (OMS) conseille l'allaitement maternel jusqu'à deux ans, et même au-delà. Aucun aliment solide n'est meilleur ni ne fournit autant de nutriments que le lait maternel. Vous pouvez allaiter votre enfant aussi souvent qu'il le demande. Si vous nourrissez votre bébé au biberon, optez pour le lait biologique qui contient le plus d'ingrédients naturels possible.

Les meilleurs premiers aliments

Ne commencez pas avec la céréale de riz. Si, autrefois, la majorité des pédiatres la recommandaient, mélangée au lait maternel ou maternisé, comme première nourriture solide, à présent, ils conseillent d'introduire d'abord une purée fraîche d'un fruit ou d'un légume. Tant qu'ils sont nourris au sein, les bébés n'ont pas besoin de céréales enrichies en fer. Le lait maternel procure au bébé suffisamment de nutriments pour l'aider à grandir, à prendre du poids et à bâtir un système immunitaire puissant.

Quand vous introduisez les céréales, utilisez le millet, l'avoine à grains entiers ou le quinoa et l'amarante qui sont de pseudo-céréales. Faites les cuire en les mélangeant à votre lait maternel ou à une purée. À moins d'antécédents familiaux d'allergie alimentaire, il n'est pas nécessaire d'essayer un aliment à la fois et d'attendre avant d'en introduire un autre. Ces premiers fruits et légumes (voir l'encadré à droite) entraînent rarement des réactions allergiques. Toutefois, si c'est le cas, vous le constaterez à l'apparition d'éruptions rouges autour de sa bouche.

Vous pouvez donc mélanger et assortir les aliments dès le début. Il est important de donner à votre bébé des aliments frais et biologiques, car ces premières bouchées se retrouveront dans son tout nouveau système digestif. Encouragez une nourriture saine avec des aliments qui n'ont pas été arrosés de produits chimiques dangereux, protégeant ainsi l'estomac délicat de votre bébé.

Matériel de cuisine essentiel pour les purées et les repas de votre famille

Pour préparer la nourriture de votre bébé, un cuiseur à vapeur, un mélangeur ou un robot culinaire, et des plaques à pâtisserie s'avéreront très pratiques. Vous aurez également besoin de bocaux hermétiques en verre. Voici quelques-uns de mes outils préférés :

> poêlons et casseroles en fonte ;
> mélangeur ;
> gril de table ;
> mijoteuse ;
> gril pour panini ;
> gaufrier.

Évitez de dissimuler les bons aliments !

Dissimuler les purées de légumes afin de mieux les faire accepter aux enfants est très à la mode. Je ne souscris pas à cette idée et vous encourage à être franche quand vous ajoutez des légumes, autant dans vos purées pour bébé que dans les repas de votre famille.

Impliquez vos enfants en leur demandant de vous aider à la cuisine. Ils verront exactement ce que contient leur nourriture. Je crois qu'il faut leur enseigner à manger des aliments sains, à les faire pousser soi-même, puis à adopter un mode de vie simple et durable afin que tous puissent profiter longtemps de notre Terre. Avec ces connaissances, les enfants prendront conscience que ce qu'ils consomment est bon pour leur santé et comprendront pourquoi. Dissimuler les légumes dans la nourriture les rend mystérieux et un peu tabous. Au contraire, vos enfants apprécieront votre honnêteté. Leur mentir en leur donnant une nourriture bonne pour leur santé n'est pas une façon de créer de saines habitudes alimentaires, et ne constitue qu'une solution illusoire à un problème grandissant au Canada : nos enfants s'alimentent mal à cause de la commodité des aliments prêts à manger et de notre horaire chargé.

Si vous voulez donner de saines habitudes alimentaires à vos enfants, ne dissimulez pas les bons aliments dans leur nourriture !

* LES MEILLEURS PREMIERS FRUITS *

Les trois premiers fruits dans cette liste sont idéaux quand vous devez faire vite. Servez-les crus et, avec une fourchette, réduisez-les facilement en une purée lisse dans un petit bol.

> Banane ;
> avocat ;
> papaye ;
> pomme ;
> poire ;
> prune.

* LES MEILLEURS PREMIERS LÉGUMES *

> Pois ;
> courge musquée ;
> patate douce ;
> haricot vert ;
> pomme de terre à chair jaune ;
> carotte ;
> brocoli.

Deux recettes valent mieux qu'une pour gagner du temps

Ce livre fourmille d'idées géniales pour préparer des purées et de savoureuses recettes pour toute la famille., qui Comme un bébé ne pourra manger toute la purée préparée, il y aura vraisemblablement des surplus. Vous pourrez les utiliser de manière créative en les intégrant à des recettes nutritives pour toute la famille. Aussi, chacune des purées pour bébé présentée dans ce livre est associée à une recette destinée à tous, que vous trouverez à la fin de chaque chapitre.

Faire des repas un moment privilégié

Si vous accordez de l'importance aux repas, vos enfants feront de même. En faisant participer votre bébé à toutes les étapes de la préparation du repas, il sentira très tôt son intégration à la routine familiale. Il est important d'adopter un rythme afin que les enfants et les bébés sachent à quoi s'attendre. Cela les rassurera et soudera la famille, tout en installant des habitudes alimentaires que chacun saura garder tout au long de sa vie.

Des trucs pour réussir le moment des repas

À cause de nos vies actives et mouvementées, nous avons quelque peu perdu la notion selon laquelle la nourriture n'est pas seulement une question d'aliments. Il s'agit plutôt de la dégustation avec plaisir de chaque bouchée, de parenthèses de rires, de conversations et de partage.

Voici quelques idées pour transformer vos repas en expérience agréable et bienfaisante pour tous les membres de votre famille.

✳ CRÉER UNE ROUTINE FAMILIALE ✳

Pourquoi est-ce important? En offrant aux tout-petits un rituel familial, vous les aidez à comprendre ce qui se passe dans leur vie. S'ils sont rassurés, ils s'épanouissent dans un monde prévisible. Créer un rythme familial pourrait sembler ennuyeux à un adulte, mais les enfants ont besoin de savoir comment leur journée se déroulera. Ils éprouvent ainsi un sentiment de paix intérieure. Cela s'applique autant aux bébés qu'aux enfants. Si vous en avez plusieurs, vous pouvez leur assigner de petites tâches afin qu'ils se sentent concernés par la préparation du repas. Des travaux simples, comme poser les verres, les serviettes de table ou les fourchettes sur la table. Après le repas, ils peuvent porter les assiettes à l'évier. Vous pourriez même penser à une routine pour vos repas de la semaine qui suppléerait à un manque de créativité.

Vous pourriez, par exemple, adopter le rituel suivant.

LUNDI : METS DE LÉGUMES

Le lundi, laissez votre imagination agir avec vos légumes. Préparez des repas selon les saisons, en utilisant des produits du terroir ou de votre panier de la semaine provenant de l'agriculture soutenue par la communauté (ASC).

MARDI : PÂTES ET PROTÉINES

Le mardi, préparez un plat qui contient des pâtes et de la viande, ou une autre sorte de protéines si vous êtes végétarien.

MERCREDI : SOUPE DU JOUR

Le mercredi, préparez une soupe servie avec des légumes-feuilles et du pain de grains.

JEUDI : PLAT DE HARICOTS

Chaque jeudi, créez un plat avec une variété différente de haricots.

VENDREDI : SOIRÉE PIZZA MAISON

Agrémentez le vendredi en servant de la pizza. C'est une façon amusante d'être créative et d'entraîner vos enfants à la préparation. Chacun garnira sa pizza avec les aliments de son choix.

SAMEDI ET DIMANCHE : OUVERT

Gardez le samedi et le dimanche libres pour vos propres créations.

✳ TENIR LA CUISINE PROPRE ✳

Tenir votre cuisine propre et en ordre peut aider vos enfants à apprendre l'importance de prendre soin de la nourriture. Nous voulons respecter l'environnement où nous préparons les aliments avec lesquels nous nourrissons notre corps. Une cuisine nette incite au respect et à la reconnaissance envers ce que nous avons. Il est aussi beaucoup plus agréable de préparer des repas dans une pièce propre !

✳ PAS DE QUERELLE DANS LA CUISINE ✳

C'est un règlement qui existe depuis très longtemps chez moi, car je crois que notre nourriture contient, outre une valeur nutritive qui nourrit nos corps, une valeur spirituelle qui nourrit nos âmes. Chacun a un plat préféré que préparait sa mère ou son père quand il était enfant. Une excellente lasagne d'un restaurant italien chic n'est certes pas meilleure que celle de votre mère. C'est que le grand chef ne vous aime pas de la même façon que votre mère. Quand vous cuisinez pour votre famille, vous y mettez tout votre cœur, et tout cet amour se goûte dans vos plats. Alors, pas de querelle dans la cuisine ! Faites de cet endroit un lieu où il fait bon vivre, et la nourriture sera encore meilleure.

∗ TOUJOURS AVOIR SUR LA TABLE DES FLEURS FRAÎCHES OU DES LÉGUMES-FEUILLES FRAIS ∗

Décorez la table avec quelque chose de simple, comme des fines herbes ou des légumes-feuilles fraîchement cueillis. Utilisez des plantes qui reflètent la saison. En hiver, un vase rempli de branches de pin ou de sapin ajoutera une touche particulière à votre table.

∗ METTRE UNE CHANDELLE SUR LA TABLE EN TOUT TEMPS ∗

Je préfère les chandelles en cire d'abeille. Elles produisent une lueur tamisée. Allumer une bougie est une excellente façon de commencer un repas puis de le terminer en soufflant sur celle-ci. Un tel geste peut contribuer à créer un rythme que les enfants apprécieront et donner l'impression que la période du repas est un événement spécial. Il aidera vos enfants à comprendre que c'est un moment privilégié de la journée.

∗ RENDRE GRÂCE ∗

Rendez grâce à la nourriture, au fermier et au cuisinier quand vous prenez un repas. Cette marque de respect n'a pas à revêtir une connotation religieuse. Ce n'est qu'un simple geste d'appréciation envers la générosité de la nature qui enseignera la gratitude à vos enfants, tôt dans leur vie.

Voici un bel exemple de remerciements que nous disons à notre table lors d'un repas :

> *À la Terre qui nous donne cette nourriture,*
> *Au soleil qui la rend si belle et bonne,*
> *Aux producteurs agricoles, nous disons merci pour votre labeur.*
> *Chère Terre, cher Soleil, cher fermier et cher cuisinier,*
> *Et tous ceux qui nous aident dans la vie,*
> *Tous ces mercis remplis d'amour sont pour vous.*

∗ UNE PLACE À TABLE POUR TOUS ∗

Assurez-vous que tout le monde, même le bébé, a une place à table. Plutôt que d'asseoir votre bébé dans une chaise haute loin de la table, rapprochez-le suffisamment pour qu'il sente qu'il fait partie de la famille.

∗ CHOISIR LA VAISSELLE AVEC SOIN ∗

Au lieu d'utiliser du plastique qui contient des toxines bisphénol A (BPA), prenez des bols en bois ou de la vaisselle émaillée. J'ai aussi découvert que les gobelets ne sont pas nécessaires. Les bébés peuvent apprendre tôt à boire dans une tasse si vous prenez le temps de leur montrer comment faire.

Les petits trucs rapides d'Anni à l'intention des parents

> Allaitez votre bébé aussi longtemps que possible.

> Mangez des aliments frais et biologiques de saison.

> Encouragez les rituels familiaux.

> Vivez simplement. Les enfants n'ont pas besoin de beaucoup de jouets. Réduisez leur nombre et encouragez-les à jouer avec des objets trouvés dans la nature, à les fabriquer ou à inventer des jeux avec vous.

> Éteignez le téléviseur. Les enfants n'en ont pas besoin. Ne laissez pas votre bébé regarder la télévision. Vos enfants peuvent s'épanouir et développer leur imagination sans son influence.

> Gardez votre maison en ordre et utilisez des produits nettoyants naturels. Débarrassez-vous des produits toxiques. Ceux qui contiennent des ingrédients chimiques dont vous parvenez à peine à prononcer le nom devraient être les premiers à partir.

> Renseignez-vous sur l'homéopathie pour trouver des remèdes naturels aux affections courantes comme le rhume, la grippe, les problèmes de sinus ou les maux de ventre.

> Ne criez pas.

> Riez et utilisez l'humour quand vous le pouvez.

> Offrez à vos enfants des solutions de rechange au lieu de dire «Non» tout de suite. Ce mot devient vite sans effet.

> Embrassez vos enfants et serrez-les dans vos bras chaque fois que vous en avez l'occasion.

> Tenez des réunions de famille régulièrement pour savoir comment se porte chacun.

> Informez-vous sur le concept du lit familial. Si cette idée vous convient, vous pourriez même ne pas acheter de lit d'enfant.

> Plus important encore, souvenez-vous que vos enfants ne sont petits que très peu de temps. Ils sont des enfants jusqu'à 16 ans environ et des adultes pendant environ 70 ans. Profitez du temps passé avec eux pour les écouter, les respecter, et partager mille et un plaisirs.

La nourriture est meilleure quand elle est préparée avec amour

Nourrir votre famille en préparant de bons repas cuisinés maison requiert beaucoup de travail et d'engagement de votre part. Rappelez-vous que c'est votre amour pour votre famille qui vous le permettra. La tendresse que vous mettez dans la nourriture la rendra meilleure au goût que n'importe quelle autre. C'est votre amour qui rassemble votre famille autour de la table afin de partager cette nourriture et de garder des souvenirs impérissables. Soyez-en fière. Sachez que cet investissement immédiat aura un effet profond sur l'expérience culinaire de vos enfants et sur leur développement alimentaire, tout au long de leur vie.

purées de printemps

Le printemps arrive. Une nouvelle vie se réveille tout autour. La froidure de l'hiver n'est qu'un vague souvenir. Les bourgeons éclatent, les bébés marchent à quatre pattes en humant le parfum des fleurs naissantes, les enfants recommencent à se salir et la terre est prête à accueillir de nouvelles semences. Tous, même bébé, veulent manger de bons aliments. Toutefois, le problème rencontré par beaucoup de parents, surtout ceux qui, comme moi, ont plusieurs enfants, est le manque de temps et de créativité. Il prend le dessus quand nous devons courir dans tous les sens pour arriver à exécuter nos mille et une tâches.

Je ne tenterai pas de vous leurrer en vous laissant croire que cuisiner pour votre bébé et votre famille est facile. Cela demande habituellement temps et effort, et si vous souhaitez apprêter des aliments frais, cette tâche s'alourdit. Cependant, cette corvée est peut-être la plus importante de toutes. Les premiers aliments offerts à votre bébé éduquent son palais et influencent ses goûts tout au long de sa vie. Et vous êtes celle qui prend en charge sa nutrition et sa santé.

Pour vous sentir en pleine confiance quand vous cuisinez, vous avez peut-être besoin de suggestions. Avec ce livre, je désire vous présenter une façon d'intégrer la nourriture pour bébés aux repas de votre famille. Il vous permettra d'utiliser efficacement votre temps précieux pour atteindre votre objectif de bien nourrir votre famille.

Promouvoir une saine croissance et une vie nouvelle

Animés par l'esprit du printemps, par cette vie nouvelle qui s'éveille et par le désir d'instaurer des traditions familiales, nous entreprendrons ce parcours avec une toute nouvelle approche sur la manière de cuisiner des repas, d'acheter des aliments et d'organiser le temps passé à la cuisine. Nous courons trop, surtout à la cuisine, voilà pourquoi tant de gens ingèrent de la nourriture prête à manger et mauvaise pour la santé. Il s'agit simplement de revoir nos valeurs, et non de passer notre temps seule à la cuisine au-dessus d'une cuisinière surchauffée. Ce temps peut alors être accordé à notre famille, à choisir et à faire pousser nos aliments, à s'intéresser aux producteurs agricoles, à cuisiner des plats et, finalement, à partager des repas. Ce moment passé ensemble enseigne à nos enfants la valeur de la nourriture, la provenance des aliments et la façon dont nos choix influencent notre environnement.

Manger des aliments frais, biologiques, de saison et locaux n'a rien d'utopique, et peut devenir une réalité si nous décidons d'être le maître à bord. Cet aspect est important, car nous choisissons beaucoup de nos aliments à partir de ce que proposent des équipes responsables du marketing et de la vente. Ils cherchent désespérément à nous persuader d'acheter un hamburger de restauration-minute ou des petits pots de purée qui ont peut-être passé deux ans sur une tablette d'épicerie. Ils nous laissent croire que nous n'avons ni le temps ni les compétences pour cuisiner des repas à la maison. C'est ici que doit s'opérer le changement dans nos valeurs.

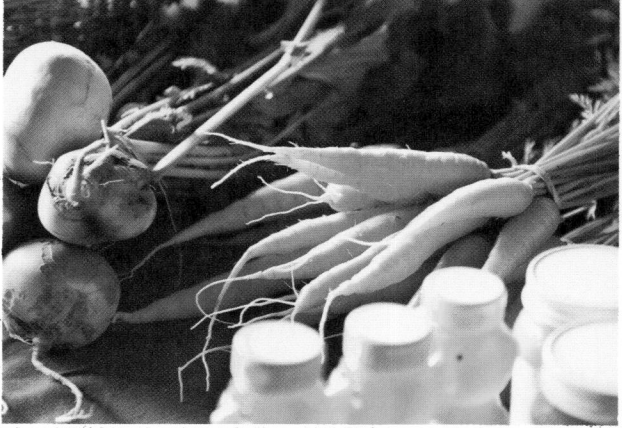

Si nous avons à cœur de manger des aliments délicieux et nourrissants, passer du temps dans la cuisine ne représentera plus une corvée. Les repas en famille se vivront comme un temps pour s'asseoir ensemble, parler et apprécier la compagnie des autres. Nous n'estimerons plus alors passer trop de temps à la cuisine et nous pourrons nous concentrer sur la transmission de saines habitudes alimentaires à nos enfants.

La nourriture est essentielle à la vie. En donnant de bons aliments à nos bébés, puis en faisant participer nos enfants dans le processus de culture, de choix et de cuisson, nous mettrons en place des bases solides.

Pourquoi manger frais ?

Vous êtes-vous déjà demandé comment sont préparés les aliments pour bébés faits pour rester longtemps sur les rayons de l'épicier ? Ces aliments sont chauffés à haute température pour tuer les agents pathogènes, et ainsi empêcher ces préparations de se dégrader. Ce procédé élimine presque toute la valeur nutritive, la couleur et le goût des aliments. Ainsi, la nourriture prête à manger peut être plus vieille que votre bébé quand vous commencez à introduire les aliments solides.

Une nourriture produite à partir d'aliments frais est de loin supérieure.

Tout comme nous, les bébés se soucient de ce qu'ils mangent. Une nourriture fraîche a bien meilleur goût et est beaucoup plus nutritive. En donnant différents aliments frais à votre bébé, il en découvrira le vrai goût. Les aliments transformés ayant perdu leur saveur et leur texture d'origine, il devient difficile de différencier le goût unique de chacun. De plus, en cuisinant pour votre bébé, vous pourrez lui offrir une variété bien plus grande que ce que vous trouveriez en épicerie.

Bien que les purées puissent être congelées, je recommande de donner autant que possible de la nourriture fraîche aux bébés. La durée de vie de celle-ci est de sept à dix jours au réfrigérateur, si elle est conservée dans des bocaux hermétiques en verre. Elle est bien supérieure à la nourriture congelée, qui perd de sa valeur nutritive après quelques jours. En effet, plus un aliment demeure congelé longtemps, plus il perd de ses nutriments.

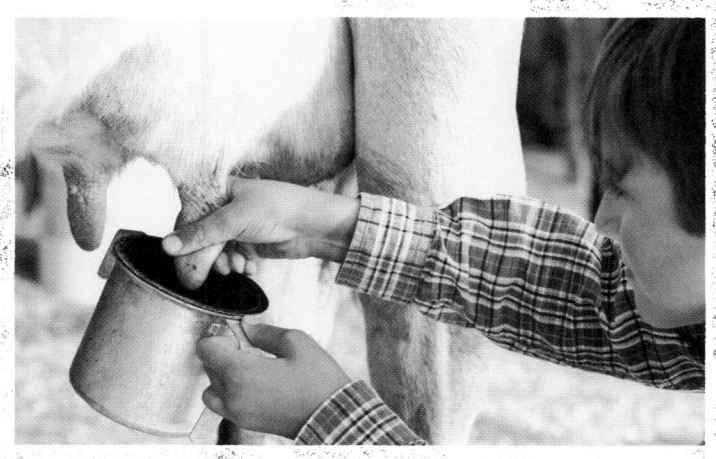

Le lait après un an

Après un an, vous pouvez commencer à introduire le lait de vache dans l'alimentation de votre bébé, tout en continuant à l'allaiter.

> **Lait cru :** Le lait cru n'est pas pasteurisé. Il vient directement de la traite de la vache. À Chester Springs en Pennsylvanie où je demeure, nous disposons d'un incroyable lait cru. Son goût de crème est inégalé. Il provient d'une ferme laitière de notre localité où on embouteille le lait pour nous.
> Certaines personnes manifestent leur inquiétude devant le lait cru. Il est sans danger et délicieux, pourvu qu'on n'ait pas injecté d'hormones ou d'antibiotiques aux vaches, qu'elles soient nourries d'herbe et qu'elles vivent en liberté. Si vous avez la chance un jour de montrer à vos enfants des vaches dans une ferme laitière, et même de leur permettre de les traire, ils pourront voir d'où vient le lait et ils apprendront ainsi à apprécier ces merveilleux animaux si généreux.
> **Lait entier :** Si vous choisissez du lait pasteurisé, assurez-vous qu'il est certifié biologique. Le lait qui ne l'est pas contient habituellement plein d'hormones et d'antibiotiques donnés aux vaches laitières qui vivent souvent dans des conditions sanitaires déplorables.
> Choisissez vos produits laitiers judicieusement et toujours certifiés biologiques, même si vous ne consommez pas habituellement de tels produits.
> **Lait de riz :** Ce substitut aux produits de vaches laitières à base de riz est très apprécié par les végétariens et les végétaliens. Les gens souffrant d'une intolérance au lactose peuvent le consommer. Souvent enrichi de vitamines, il contient peu de protéines. Vous pouvez également essayer le lait d'amandes.
> **Lait de chanvre :** Le lait de chanvre est produit à partir de graines de chanvre. Il s'agit d'une solution de rechange saine au lait de vache. Il est parfait pour les végétaliens et les végétariens, et constitue une bonne source de protéines. Son goût de noisette plaît à beaucoup de gens.

Purée de bleuets, de raisins secs et d'amandes

8 mois et plus

DONNE 1 ½ TASSE (375 ML) OU 3 PORTIONS POUR BÉBÉ

RECETTE DEUX EN UNE : **PARFAIT AU GRUAU ET AUX AMANDES GRILLÉES EFFILÉES**, PAGE 48

....

Les bleuets sont une excellente source d'antioxydants, et les raisins secs sont riches en fer. En outre, cette recette, grâce aux amandes, contient des protéines. Sa vibrante couleur pourpre, alliée à son goût succulent, constitue une combinaison gagnante pour une purée de départ qui convient à la grande majorité des bébés.

2 tasses (300 g) de bleuets
¼ tasse (36 g) de raisins secs
1 cuillerée à soupe d'amandes broyées

1. Rincer les bleuets à l'eau, puis les cuire à la vapeur de 3 à 5 minutes avec les raisins secs, jusqu'à ce que les bleuets soient tendres.

2. Réserver l'eau de cuisson.

3. Passer les fruits au mélangeur. Ajouter une cuillerée à soupe d'eau de cuisson, une à la fois, au besoin, afin d'obtenir la consistance souhaitée.

4. Ajouter les amandes broyées, puis mélanger le tout.

5. Verser le mélange dans un bol et servir tiède.

Purée pure de bananes

6 mois et plus

DONNE 1 ½ TASSE (375 ML) OU 3 PORTIONS POUR BÉBÉ

RECETTE DEUX EN UNE : **TILAPIA EXOTIQUE EN PAPILLOTE**, PAGE 50

....

La banane est une excellente source de fibres alimentaires et de vitamine C. Naturellement sucrée et facile à digérer, elle est idéale comme premier aliment solide pour bébé. La banane est également un aliment pratique à emporter avec soi, parce qu'elle peut être écrasée facilement.

2 bananes

1. Peler, puis écraser à la fourchette les bananes ou les passer au mélangeur afin d'obtenir la consistance souhaitée.

L'écogastronomie

Qu'est-ce que l'écogastronomie et pourquoi s'y intéresser ? L'écogastronomie est un mouvement à l'opposé de la restauration-minute. Elle intègre les idées fondamentales de la communauté, du développement durable, de l'environnement et du respect des anciennes et des nouvelles traditions alimentaires. Ce mouvement encourage également les producteurs locaux et nous aide à changer notre conception de l'alimentation. La nourriture est conçue pour rassembler les gens, nourrir nos corps et nous mettre en relation avec la terre et notre entourage. L'écogastronomie reconnaît que beaucoup de ces traditions ont été perdues, et elle essaie de les faire renaître. Il est crucial que les enfants, garants de notre avenir, la connaissent. Nous devons leur passer le flambeau afin que nos traditions puissent se perpétuer. Sans des actions responsables devant la très grande fragilité de notre écosystème, nous risquons de perdre encore plus de ressources naturelles précieuses, et de rater ainsi l'occasion d'offrir à nos enfants les outils nécessaires pour assumer pleinement ces responsabilités, avec fierté et conscience.

Purée de prunes et de pommes Fuji

6 mois et plus

DONNE 1 ½ TASSE (375 ML) OU 4 PORTIONS POUR BÉBÉ

RECETTE DEUX EN UNE : **TARTE AUX PRUNES AVEC BRIE ET NOIX GRILLÉES AU MIEL**, PAGE 51

RECETTE DEUX EN UNE : **TARTE AUX PRUNES AVEC BRIE ET NOIX GRILLÉES AU MIEL**, PAGE 51

Un délice ! Un régal sucré pour le palais des tout-petits et des plus grands. C'est une combinaison parfaite de goûts aigre et sucré, facile à digérer, qui constitue un mets à placer parmi les premiers aliments pour bébé. Le vôtre en redemandera ! Ma fille l'adore, et je dois avouer que j'en mange à l'occasion.

2 prunes, pelées et coupées en dés
2 pommes Fuji, pelées et coupées en dés

1. Cuire à la vapeur les prunes et les pommes ensemble, de 7 à 9 minutes, jusqu'à ce qu'elles soient tendres.
2. Réserver l'eau de cuisson.
3. Passer au mélangeur les prunes et les pommes. Ajouter 1 cuillerée à thé d'eau de cuisson à la fois, au besoin, afin d'obtenir la consistance souhaitée.

Purée d'épinards, de bette à carde et de bananes

7 mois et plus

DONNE 2 TASSES (500 ML) OU 4 PORTIONS POUR BÉBÉ

RECETTE DEUX EN UNE : **TORTILLA FONDANTE VÉGÉTARIENNE**, PAGE 52

....

Ce plat est très riche en nutriments. Le goût sucré de la banane en fait un délice pour le palais de votre bébé. Les épinards et la bette à carde constituent d'excellentes sources de protéines et de fer. Habituer vos enfants à consommer des légumes-feuilles est la voie à suivre. Servez cette purée au moins une fois par semaine. J'utilise cette recette pour confectionner des sucettes glacées pour mes enfants plus âgés.

1 tasse (30 g) de feuilles d'épinard, bien tassées
1 tasse (30 g) de feuilles de bette à carde, hachées et bien tassées, sans tiges
2 bananes, pelées et tranchées

1. Cuire à la vapeur les feuilles d'épinard et de bette à carde ensemble, pendant 3 minutes ou jusqu'à ce qu'elles soient tendres.

2. Réserver l'eau de cuisson.

3. Passer au mélangeur les épinards, la bette à carde et les tranches de banane, puis réduire en purée lisse. Ajouter 1 cuillerée à thé d'eau de cuisson à la fois, au besoin, afin d'obtenir la consistance souhaitée.

Purée consistante de champignons, d'oignon, de brocoli et de fines herbes

11 mois et plus

DONNE 2 TASSES (500 ML) OU 4 PORTIONS POUR BÉBÉ

RECETTE DEUX EN UNE : **QUICHE PRINTANIÈRE CRÉMEUSE**, PAGE 53

Voici un plat savoureux à servir à votre bébé lorsqu'il aura développé ses capacités à manger. Les saveurs sont irrésistibles si nous employons des produits de bonne qualité. Utilisez si possible des champignons provenant de marchés fermiers locaux. L'oignon est le légume le plus sous-estimé. Il est indispensable pour rendre vos recettes appétissantes. Il est donc important de faire apprécier l'oignon à vos jeunes enfants, puisqu'il sert d'ingrédient de base dans une multitude de recettes. Je me dis toujours : « Pourvu que j'aie un oignon sous la main pour cuisiner, je peux rendre tout plat succulent. »

1 cuillerée à soupe d'huile de noix de coco

1 tasse (70 g) de champignons shiitaké de bonne qualité, hachés en petits morceaux

1 oignon jaune, haché

1 tasse (70 g) de fleurons de brocoli, hachés en petits morceaux

1 cuillerée à thé d'origan

1 cuillerée à thé de thym

1 cuillerée à soupe de concentré de protéines liquides

1. Dans une sauteuse, chauffer l'huile de noix de coco à feu vif. Lorsque l'huile est chaude, réduire à feu moyen.

2. Ajouter les champignons, l'oignon et le brocoli. Faire sauter de 6 à 7 minutes, jusqu'à ce que ce soit légèrement bruni.

3. Ajouter les fines herbes et le concentré de protéines liquides. Faire sauter jusqu'à ce que ce soit tendre.

4. Verser dans un mélangeur. Appuyer sur la touche pulsion le temps nécessaire pour obtenir des petits morceaux. Le plat doit être consistant, et non complètement lisse.

5. Servir chaud.

REMARQUE

❯ Si vous prévoyez d'utiliser cette recette avec la *quiche printanière crémeuse*, mettez de côté 1 ½ tasse (375 ml) avant d'avoir recours au mélangeur.

Purée pure de pois des jardins

6 mois et plus

DONNE 1 ½ TASSE (375 ML) OU 4 PORTIONS POUR BÉBÉ

RECETTE DEUX EN UNE : **SOUPE AUX POIS FRAIS AU BEURRE DE BASILIC**, PAGE 54

....

Rien de tel que les pois des jardins frais et sucrés, surtout s'ils proviennent de votre potager. Je sais que ce n'est pas chose aisée, mais la différence de goût est incroyable. Comme les pois des jardins coûtent cher, je vous suggère d'en planter dans votre potager. Quand ils arrivent à maturité, vos enfants plus grands peuvent s'amuser à les cueillir et les écosser tout en les dégustant.

1 lb (455 g) de pois des jardins frais, écossés

1. Cuire les pois à la vapeur de 4 à 5 minutes, jusqu'à ce qu'ils soient tendres.
2. Réserver l'eau de cuisson.
3. Passer les pois au mélangeur et les réduire en purée lisse. Ajouter 1 cuillerée à thé d'eau de cuisson à la fois, au besoin, afin d'obtenir la consistance souhaitée.

Purée d'épinards, d'ananas et de yogourt nature

7 mois et plus

DONNE 3 TASSES (750 ML) OU 8 A 10 PORTIONS POUR BÉBÉ

RECETTE DEUX EN UNE : **SUCETTES GLACÉES VERTES NUTRITIVES,** PAGE 55

L'épinard est une importante source de protéines, d'antioxydants et de vitamines essentielles. Il perd beaucoup de sa valeur nutritive une semaine environ après sa cueillette. Il est le légume tout désigné à faire pousser dans le potager. Vous pouvez aussi vous en procurer chez votre groupe d'agriculture soutenue par la communauté (ASC) ou sur les marchés fermiers. Il n'est pas nécessaire de cuire les épinards à la vapeur. Il suffit de mettre tous les ingrédients dans le mélangeur, et le tour est joué.

1 ½ tasse (45 g) de feuilles d'épinard, bien tassées
Un ananas entier, écorcé et coupé grossièrement
1 ½ tasse (370 g) de yogourt nature

1. Passer ensemble au mélangeur les épinards, l'ananas et le yogourt, afin d'obtenir la consistance souhaitée.

Smoothie aux cerises, au kiwi et à l'ananas

10 mois et plus

DONNE 3 TASSES (750 ML) OU 6 PORTIONS POUR BÉBÉ

RECETTE DEUX EN UNE : **SALADE JARDINIÈRE DU PRINTEMPS AVEC VINAIGRETTE SUCRÉE AUX RAISINS ET AUX CERISES**, PAGE 56

Je pourrais boire des quantités astronomiques de ce smoothie. Je vous garantis que vous et votre bébé l'aimerez. Le moment de montrer à votre tout-petit à boire avec une tasse est une excellente occasion de le lui servir. Assurez-vous seulement de lui offrir de petites gorgées. Ajoutez assez d'eau pour obtenir la consistance qui conviendra à votre enfant. Les cerises regorgent d'antioxydants. Quand elles sont de saison dans votre localité, mangez-en à satiété. Elles sont de vraies petites gâteries offertes par mère Nature. Entre autres bénéfices, elles renforcent votre système immunitaire.

2 tasses (300 g) de cerises Bing fraîches, dénoyautées, ou de cerises biologiques congelées fraîches

2 kiwis, pelés et tranchés

Un ananas entier, écorcé et coupé en dés

½ tasse (125 ml) d'eau

½ tasse (125 ml) de glace

1. Passer au mélangeur tous les ingrédients et réduire en purée lisse pour obtenir un smoothie glacé.

Purée d'abricots, de raisins secs, de carottes, de graines de lin et de noix

9 mois et plus

DONNE 1 ½ TASSE (375 ML) OU 3 PORTIONS POUR BÉBÉ

RECETTE DEUX EN UNE : **BRIOCHES DÉCADENTES AUX FRUITS ET AUX NOIX**, PAGE 57

Cette purée aigre au goût de noisette fera la joie de votre bébé. Les noix ajoutent des protéines à ce mélange, et les abricots, une bonne dose de vitamine C.

1 tasse (165 g) d'abricots frais ou d'abricots secs (130 g)
¼ tasse (36 g) de raisins secs
1 carotte, tranchée
1 cuillerée à soupe de graines de lin moulues
1 cuillerée à soupe de noix moulues

Remarque : Utiliser un moulin à café pour moudre facilement et rapidement les graines et les noix.

1. Cuire ensemble à la vapeur les abricots, les raisins secs et la carotte, environ 9 minutes ou jusqu'à ce que ce soit tendre.
2. Réserver l'eau de cuisson.
3. Passer au mélangeur et réduire en purée lisse. Ajouter 1 cuillerée à thé d'eau de cuisson à la fois, au besoin, afin d'obtenir la consistance souhaitée.
4. Ajouter les graines de lin et les noix moulues, puis mélanger.
5. Verser le mélange dans un bol et servir chaud.

Purée de bananes, de beurre d'amandes et de graines de lin

9 mois et plus

DONNE 2 TASSES (500 ML) OU 4 PORTIONS POUR BÉBÉ

RECETTE DEUX EN UNE : **SUCETTES GLACÉES DU DÉJEUNER**, PAGE 58

Une façon agréable de donner des protéines à votre bébé. Le beurre d'amandes est très facile à préparer ; il s'agit de moudre les amandes dans un robot culinaire pour en faire une pâte. Voilà ! Mon enfant de quatre ans aime étendre cette purée sur des craquelins pour sa collation, après l'école.

3 bananes, pelées et tranchées
½ tasse (130 g) de beurre d'amandes
1 tasse (245 g) de yogourt nature biologique
1 cuillerée à soupe de graines de lin, moulues

1. Passer ensemble au mélangeur les bananes, le beurre d'amandes, le yogourt et les graines de lin afin d'obtenir la consistance souhaitée.

Purée consistante d'asperges et d'olives

11 mois et plus

DONNE 1 ½ TASSE (375 ML) OU 3 PORTIONS POUR BÉBÉ

RECETTE DEUX EN UNE : **TARTELETTES AUX ASPERGES**, PAGE 59

Les asperges sont des légumes étonnants que certains, à tort, croient trop sophistiqués ou difficiles à apprêter. Toutefois, il n'est nullement prétentieux de servir ce légume consistant. Il contient une bonne dose de vitamines K, C et A. Mes enfants raffolent de ces précieux bijoux verts. À l'occasion, je les cuis rapidement à la vapeur, puis leur ajoute un peu de beurre et du concentré de protéines liquides. Et voilà ! Une collation idéale après l'école. Pour votre bébé, essayez cette combinaison en y ajoutant le mélange d'olives variées pour un surplus de saveur.

1 tasse (100 g) d'asperges fraîches, hachées
½ tasse (90 g) d'olives variées, émincées
1 gousse d'ail, émincée
½ cuillerée à thé de concentré de protéines liquides

1. Cuire les asperges à la vapeur environ 7 minutes, ou jusqu'à ce qu'elles soient entièrement ramollies mais encore fermes.

2. Réserver l'eau de cuisson.

3. Passer au mélangeur les asperges, les olives, l'ail et le concentré de protéines liquides afin d'obtenir la consistance souhaitée. Je crois que ce plat est meilleur lorsqu'il est servi légèrement consistant. Il s'adresse à un bébé plus âgé, capable de mastiquer et qui consomme des aliments solides depuis au moins deux mois.

4. Verser le mélange d'asperges dans un bol et servir chaud.

Purée de bette à carde, de bananes et de graines de chanvre

7 mois et plus

DONNE 2 TASSES (500 ML) OU 4 PORTIONS POUR BÉBÉ

RECETTE DEUX EN UNE : **QUINOA SUCRÉ AUX LÉGUMES**, PAGE 59

RECETTE DEUX EN UNE : **QUINOA SUCRÉ AUX LÉGUMES**, PAGE 59

La bette à carde est un des aliments les plus bénéfiques pour la santé. Elle est très riche en antioxydants. La combiner, en purée, à de délicieuses bananes et à des graines de chanvre riches en protéines donne une excellente recette. Les graines de chanvre contiennent la plus grande quantité d'acides aminés et d'acides gras essentiels de toutes les plantes. De plus, elles sont faciles à digérer. Leur utilisation est de plus en plus répandue et nous pouvons nous en procurer facilement. Vous devriez pouvoir les acheter au magasin d'aliments naturels de votre localité ou sur Internet. Saupoudrez un peu de graines de chanvre moulues sur les céréales chaudes de blé entier du déjeuner, pour vous et votre bébé.

2 tasses (60 g) de bette à carde

1 banane

¼ tasse (35 g) de graines de chanvre, moulues dans un moulin à café

1. Rincer la bette à carde et la couper en morceaux.

2. Cuire la bette à carde à la vapeur de 5 à 7 minutes ou jusqu'à ce qu'elle soit tendre. Réserver l'eau de cuisson.

3. Mettre la bette à carde dans un robot culinaire.

4. Ajouter la banane, ¼ tasse (60 ml) d'eau réservée et les graines de chanvre moulues.

5. Réduire en purée lisse. Continuer d'ajouter du liquide réservé graduellement, 2 cuillerées à soupe à la fois, afin d'obtenir la consistance souhaitée.

Purée de millet et de cheddar

11 mois et plus

DONNE 1 ½ TASSE (375 ML) OU 4 PORTIONS POUR BÉBÉ

RECETTE DEUX EN UNE : **CRAQUELINS CROQUANTS AU CHEDDAR**, PAGE 60

RECETTE DEUX EN UNE : **CRAQUELINS CROQUANTS AU CHEDDAR**, PAGE 60

Le millet est une céréale très facile à digérer pour les bébés. Les saveurs des autres aliments se marient bien à celle de cette protéine végétale. Utilisez un moulin à café ou un petit mélangeur pour réduire le millet en poudre. Vous obtiendrez ainsi un repas pour bébé facile à préparer. Pour un bébé plus jeune, remplacez le cheddar par une purée de fruits ou de légumes en ajoutant celle-ci au millet.

1 ½ tasse (375 ml) d'eau
½ tasse (60 g) de millet, réduit en poudre
½ tasse (58 g) de cheddar fort râpé

1. Porter l'eau à ébullition, ajouter le millet, puis réduire à feu doux et remuer fréquemment pendant environ 10 minutes.
2. Quand le millet prend la consistance d'une céréale chaude, ajouter le fromage.
3. Laisser le fromage fondre dans le mélange.
4. Servir chaud.

Purée d'aubergines grillées

9 mois et plus

DONNE 1 ½ TASSE (375 ML) OU 4 PORTIONS POUR BÉBÉ

RECETTE DEUX EN UNE : **SALSA A L'AUBERGINE**, PAGE 60

....

L'aubergine est un aliment raffiné et délicieux à introduire dans l'alimentation de votre bébé. Son goût de noisette est unique, et elle procure une bonne dose de vitamine C et de potassium. L'aubergine est également un excellent substitut à la viande si vous êtes végétarien. Grâce à sa texture particulière, vous pouvez l'apprêter en un succulent burger de protéines végétales.

2 aubergines violettes, coupées en deux sur la longueur
1 cuillerée à soupe d'huile d'olive

1. Préchauffer le four à 350 °F (180 °C ou température 4).
2. Enduire les aubergines d'huile et les faire rôtir de 15 à 20 minutes.
3. Laisser refroidir et enlever la pelure.
4. Mettre l'aubergine dans le mélangeur et réduire en purée lisse, selon la consistance souhaitée.

Purée de pommes de terre au parmesan

11 mois et plus

DONNE 3 TASSES (750 ML) OU 6 PORTIONS POUR BÉBÉ

RECETTE DEUX EN UNE : **FLÉTAN AU PARMESAN EN CROÛTE, SAUCE AU CITRON ET AUX CÂPRES**, PAGE 61

purées du printemps

Qui ne raffole pas des pommes de terre au fromage ? Les bébés aiment particulièrement cette version à consistance crémeuse. Le lait de coco est riche en acides gras oméga 3, en fibres et en protéines. De plus, c'est une boisson parfaite pour les bambins. À défaut de pommes de terre Yellow Finn, au goût de beurre très crémeux, vous pouvez opter pour des pommes de terre Yukon Gold.

6 pommes de terre Yellow Finn, pelées et coupées en dés
½ tasse (50 g) de fromage parmesan frais râpé
¼ tasse (60 ml) de lait de coco
1 pincée de poivre

1. Placer les pommes de terre dans une casserole d'eau moyenne et porter à ébullition.
2. Faire bouillir les pommes de terre environ 12 minutes, jusqu'à ce qu'elles soient tendres.
3. Égoutter les pommes de terre et les mettre dans un mélangeur.
4. Passer les pommes de terre au mélangeur avec le fromage, le lait de coco et le poivre.
5. Servir chaud.

Conservez l'eau de cuisson de vos légumes !

Il est important de conserver l'eau de cuisson à la vapeur des fruits et des légumes. Les nutriments contenus dans ces aliments migrent dans l'eau, et celle-ci est facilement réutilisable dans votre purée. S'il vous reste de l'eau de cuisson après avoir chauffé des fruits à la vapeur, ajoutez celle-ci à du thé pour une variante pleine de saveur. Le surplus de votre eau de cuisson de légumes peut être ajouté aux soupes ou utilisé pour la préparation de riz ou d'autres céréales.

Purée d'abricots et de framboises

8 mois et plus

DONNE 1 ½ TASSE (375 ML) OU 4 PORTIONS POUR BÉBÉ

RECETTE DEUX EN UNE : **PÂTE DE FRUITS SÉCHÉE AUX ABRICOTS ET AUX FRAMBOISES**, PAGE 61

....

Pur délice ! Cette purée, sucrée à souhait, sera très alléchante pour votre petit amour. Elle peut en outre être transformée en confiture, en vinaigrette ou en yogourt pour le déjeuner. J'adore cette recette. Elle est simple à concocter et les saveurs se marient à la perfection. Une réussite assurée, je vous le garantis !

4 abricots, coupés en dés
1 ½ tasse (185 g) de framboises

1. Cuire les abricots à la vapeur environ 5 minutes. Ajouter les framboises et cuire de nouveau à la vapeur 2 minutes supplémentaires.

2. Réserver l'eau de cuisson.

3. Passer au mélangeur les abricots et les framboises, puis réduire en purée lisse. Ajouter 1 cuillerée à thé d'eau de cuisson à la fois, au besoin, afin d'obtenir la consistance souhaitée.

Parfait au gruau et aux amandes grillées effilées

15 mois et plus

DONNE 4 TASSES (1 L) OU 2 PORTIONS POUR ADULTE OU 4 PORTIONS POUR ENFANT

L'avoine épointée est un aliment idéal au déjeuner pour toute la famille. Chaque tasse contient 8 grammes de fibres. Cette recette chaude réconfortante se transforme aussi en parfait qui fera la joie des enfants, constituant une variante originale de ce grand classique du matin.

2 cuillerées à soupe d'amandes effilées, grillées (au choix)
3 tasses (750 ml) d'eau
1 tasse (80 g) d'avoine épointée
1 tasse (250 ml) de lait cru ou de lait entier
1 cuillerée à soupe de beurre non salé
1 cuillerée à soupe de miel
2 cuillerées à soupe de *purée de bleuets, de raisins secs et d'amandes* (voir page 24)
¼ tasse (38 g) de bleuets frais pour la garniture

1. Placer les amandes effilées dans une sauteuse, à feu moyen (sans ajouter d'huile). Les faire griller pendant environ 5 minutes et réserver. Si votre bébé ne peut encore mâcher sa nourriture, ne pas inclure les amandes à la recette.

2. Dans une grande casserole, porter l'eau à ébullition.

3. Ajouter l'avoine épointée et continuer la cuisson de 20 à 25 minutes, en remuant de temps en temps, jusqu'à ce que ce soit onctueux.

4. Ajouter le lait, le beurre et le miel.

5. Ajouter la *purée de bleuets, de raisins secs et d'amandes* et mélanger.

6. Dans un bol en verre ou dans une tasse, assembler un parfait en versant une couche du gruau cuit, puis une couche de la purée. Garnir d'amandes grillées et de bleuets frais.

Tilapia exotique en papillote

15 mois et plus

DONNE 3 PORTIONS POUR ADULTE OU 6 PORTIONS POUR ENFANT

Le tilapia est un poisson dont le goût léger se marie bien à d'autres types de saveurs. L'ajout de la *purée pure de bananes* confère à ce plat de poisson une saveur exotique. Vous pourriez même l'accompagner de haricots noirs et d'une salsa à la mangue. Servir ce plat à vos invités dans son emballage de papier sulfurisé (en papillote) ajoutera une touche esthétique à votre repas.

3 filets de tilapia sauvage, fraîchement pêché

¼ cuillerée à thé de sel et de poivre par filet

3 cuillerées à soupe de *purée pure de bananes* (voir page 27), à diviser

1 cuillerée à soupe de beurre non salé, à diviser

9 brins de thym frais, à diviser

1 cuillerée à soupe de câpres, à diviser

2 gousses d'ail, émincées, à diviser

Préchauffer le four à 350 °F (180 °C ou température 4).

1. Découper trois feuilles de papier sulfurisé en carrés assez larges pour envelopper complètement chaque filet de poisson.

2. Placer chaque filet sur un morceau de papier sulfurisé.

3. Saler et poivrer chaque filet, puis garnir de *purée pure de bananes*.

4. Garnir chaque filet de poisson de beurre, de 3 brins de thym frais, de câpres et d'ail.

5. Replier les coins du papier sulfurisé afin de former une papillote.

6. Placer les filets enveloppés dans un plat de cuisson peu profond et le mettre au four.

7. Cuire de 12 à 15 minutes.

8. Servir chaud dans le papier.

Tarte aux prunes avec brie et noix grillées au miel

18 mois et plus

DONNE 8 A 10 TARTES OU PORTIONS

....

Ciel, que cette recette est délicieuse ! Cette tarte est la combinaison parfaite de sucré et de salé. Si vous décidez de la garnir d'un peu de crème fouettée fraîche, votre famille vous suppliera de lui en resservir une ou deux fois ! **Remarque :** Vous aurez besoin d'une mandoline pour confectionner cette recette.

POUR LA GARNITURE :
½ **tasse (120 g) de noix hachées**
¼ **tasse (85 g) de miel (pour les noix)**

POUR LA TARTE :
1 **pâte feuilletée, refroidie, non congelée**
1 **tasse (250 ml) de** *purée de prunes et de pommes Fuji* **(voir page 28)**
½ **tasse (75 g) de fromage brie, coupé en dés**
1 **prune, tranchée finement avec une mandoline**
¼ **tasse (85 g) de miel (pour napper)**

1. Préchauffer le four à 350 °F (180 °C ou température 4). Étendre une feuille de papier sulfurisé sur deux plaques à pâtisserie.

2. Dans une petite casserole, à feu moyen, mélanger les noix et ¼ tasse de miel. Remuer pour enrober les noix.

3. Verser les noix enrobées de miel sur la première plaque à pâtisserie et cuire environ 10 minutes. Réserver.

4. Étaler la pâte feuilletée sur un plan de travail fariné en lui donnant la forme d'un cercle rustique et imparfait, d'une épaisseur d'environ ¼ de pouce (6 mm). Façonner une bordure tout autour, en relevant légèrement la pâte. Piquer à la fourchette, deux ou trois fois, le centre de la pâte. Placer la pâte sur la seconde plaque à pâtisserie tapissée de papier sulfurisé.

5. Étendre la *purée de prunes et de pommes Fuji* sur la pâte feuilletée.

6. Ajouter des morceaux de fromage brie sur la purée.

7. Garnir de tranches de prune, de miel et de la garniture de noix.

8. Cuire au four sur la plaque à pâtisserie de 15 à 18 minutes, jusqu'à ce que la pâtisserie ait gonflé et soit dorée.

9. Servir chaud.

Tortilla fondante végétarienne

18 mois et plus

DONNE 2 PORTIONS POUR ADULTE OU 4 PORTIONS POUR ENFANT

....

Tous les enfants adorent les plats avec du fromage fondu. À cette version, j'ai ajouté une touche d'alimentation saine : une purée végétarienne. Celle-ci confère à ce plat une saveur riche que les adultes aimeront. La banane ne semble pas une bonne idée ? Pourtant, ça fonctionne !

4 tortillas végétariennes, de la dimension et de la variété de votre choix

1 tasse (250 ml) de *purée d'épinards, de bette à carde et de bananes* (voir page 31), à diviser

1 tasse (80 g) de fromage havarti râpé, à diviser

1 cuillerée à thé d'huile de noix de coco pour la sauteuse

1. Étaler une tortilla et la recouvrir de la moitié de la *purée d'épinards, de bette à carde et de bananes* et de la moitié du fromage. Couvrir la tortilla ainsi préparée d'une autre tortilla.

2. Répéter l'opération.

3. Dans une sauteuse, à feu moyen, chauffer l'huile de noix de coco. Placer une tortilla assemblée en « sandwich » dans la sauteuse.

4. Après environ 3 minutes, la retourner.

5. Laisser chaque côté devenir légèrement croustillant et permettre au fromage de fondre.

6. Répéter l'opération pour la seconde tortilla « sandwich ».

7. Couper en triangles pour faciliter la dégustation, puis servir chaud afin de déguster le fromage fondu.

Quiche printanière crémeuse

18 mois et plus

DONNE 6 PORTIONS POUR ADULTE OU 8 PORTIONS POUR ENFANT

Les œufs sont idéaux pour introduire des protéines dans les repas. Cette quiche printanière est savoureuse et saine. Facile à préparer, c'est un déjeuner chaud, parfait pour commencer la journée du bon pied.

1 cuillerée à thé de beurre non salé

2 gousses d'ail, émincées

1 ½ tasse (375 ml) de *purée consistante de champignons, d'oignon, de brocoli et de fines herbes* (voir page 32), à réduire au mélangeur si possible

6 œufs

½ tasse (125 ml) de lait cru ou de lait entier

1 tasse (115 g) de cheddar râpé

½ tasse (115 g) de fromage à la crème

1. Préchauffer le four à 350 °F (180 °C ou température 4).

2. Dans une grande casserole, faire fondre le beurre à feu moyen. Y saupoudrer l'ail pour le faire brunir. Après quelques minutes, ajouter la *purée consistante de champignons, d'oignon, de brocoli et de fines herbes*, puis mélanger et réserver.

3. Dans un grand bol, mélanger les œufs, le lait et le fromage. Ajouter la *purée consistante de champignons, d'oignon, de brocoli et de fines herbes*, puis remuer. Avec une louche, verser le mélange dans un moule à tarte ou un poêlon en fonte, puis cuire de 40 à 45 minutes ou jusqu'à ce que le dessus ait bruni.

Soupe aux pois frais au beurre de basilic

11 mois et plus

DONNE 12 TASSES OU 6 PORTIONS POUR ADULTE OU 10 PORTIONS POUR ENFANT

Pouvez-vous remplacer les pois écossés frais par des pois congelés achetés à l'épicerie ? Bien sûr. Cependant, les pois écossés frais ont bien meilleur goût. Préparez cette soupe seulement si vous avez du temps, de l'amour et de petites mains pour vous aider. Autrement, ça n'en vaut pas la peine. Si vous utilisez des pois écossés frais, vous goûterez la différence. Le beurre de basilic est une garniture exquise qui se marie bien avec cette recette. Elle est crémeuse et apaisante, et fait ressortir toutes les saveurs de ce plat. Une façon parfaite de faire montre de vos talents de cuisinière, ou simplement de dire «Je t'aime» d'une manière originale.

POUR LA SOUPE :

2 cuillerées à soupe de beurre non salé

1 gros oignon jaune, haché

1 gros poireau, haché (utiliser tout le poireau)

2 gousses d'ail, émincées

2 cuillerées à thé de sel de mer

2 cuillerées à thé de poivre

4 tasses (1 l) de bouillon de poulet

2 tasses (500 ml) de *purée pure de pois des jardins* (voir page 33)

3 tasses (435 g) de pois frais, écossés

1 pincée de poivre de cayenne

1 cube de bouillon de poulet

POUR LE BEURRE :

16 feuilles de basilic frais, hachées

3 gousses d'ail

1 morceau (½ tasse ou 110 g) de beurre

Sel de mer et poivre, au goût

1. Dans une grande casserole, faire fondre le beurre et sauter l'oignon haché, le poireau et l'ail jusqu'à ce que le tout ait bruni. Assaisonner de sel et de poivre.

2. Ajouter le bouillon de poulet, la *purée pure de pois des jardins* et les pois frais écossés. Bien mélanger.

3. Ajouter le poivre de cayenne et le cube de bouillon de poulet dans la casserole.

4. En utilisant un batteur à main ou un mélangeur, réduire en purée jusqu'à ce que la soupe ait une consistance lisse.

5. Laisser mijoter pour mêler les saveurs et préparer le beurre de basilic.

6. Pour faire le beurre de basilic, mettre tous les ingrédients dans un robot culinaire et appuyer sur la touche pulsion jusqu'à ce que le tout soit bien homogène.

7. Avec une louche, verser la soupe dans des bols, puis garnir de beurre.

Sucettes glacées vertes nutritives

11 mois et plus

DONNE ENVIRON 20 A 25 SUCETTES GLACÉES

Transformer la *purée d'épinards, d'ananas et de yogourt nature* en sucettes glacées est une excellente façon d'insérer cette purée très nutritive au menu familial, surtout si votre bébé a des frères et sœurs plus âgés. Mes enfants adorent les sucettes glacées, et cette recette est une de leurs préférées. C'est la gâterie idéale lors d'une fête pour enfants. Quand les parents apprennent ce que ces sucettes contiennent, ils ont peine à croire que leurs enfants les dévorent!

3 tasses (750 ml) de *purée d'épinards, d'ananas et de yogourt nature* (voir page 34)
2 bananes, pelées et tranchées
1 cuillerée à soupe de graines de lin moulues

1. Mélanger la *purée d'épinards, d'ananas et de yogourt nature* avec les bananes et les graines de lin, puis réduire en purée lisse au mélangeur.

2. Verser dans de petits contenants individuels en papier, puis y insérer un bâtonnet en bois, ou utiliser un moule à sucettes.

3. Congeler.

Salade jardinière du printemps avec vinaigrette sucrée aux raisins et aux cerises

18 mois et plus

DONNE 4 PORTIONS POUR ADULTE

Cette salade simple, accompagnée d'une délicieuse vinaigrette faite à partir d'un smoothie pour bébé, est sucrée et savoureuse.

POUR LA SALADE :

3 bols de mélange printanier
    de légumes-feuilles

1 courgette, tranchée

1 tasse (150 g) de raisins, coupés en deux
    après les avoir mesurés

¼ tasse (40 g) d'oignon rouge, haché

POUR LA VINAIGRETTE :

¼ tasse (60 ml) de *smoothie aux cerises,
    au kiwi et à l'ananas* (voir page 37)

1 échalote, hachée en petits morceaux

1 gousse d'ail, pelée et hachée

1 cuillerée à soupe de miel

1 cuillerée à soupe de moutarde de Dijon

2 cuillerées à soupe (30 ml) de jus d'orange

¼ tasse (60 ml) d'huile d'olive

Sel et poivre, au goût

1. Mélanger les légumes-feuilles, la courgette, les raisins et l'oignon rouge dans un grand bol.

2. Passer au mélangeur le *smoothie aux cerises, au kiwi et à l'ananas*, l'échalote, l'ail, le miel, la moutarde, le jus d'orange, le sel et le poivre.

3. Ajouter lentement un filet d'huile d'olive jusqu'à ce que le tout soit bien mélangé.

4. Napper la salade de vinaigrette et servir tiède.

Brioches décadentes aux fruits et aux noix

19 mois et plus

DONNE 8 A 10 BRIOCHES OU PORTIONS

....

Ces brioches qui collent aux doigts sont un vrai délice. Tout le monde s'accorde à dire qu'elles sont succulentes. Les accompagner de purée les rend encore plus nutritives, tout en conservant leur goût savoureux. Ces brioches sont mon péché mignon.

1 tasse (250 g) de purée d'abricots, de raisins secs, de carottes, de graines de lin et de noix (voir page 38)

2 cuillerées à soupe de beurre non salé, fondu et ramolli, à diviser

1 cuillerée à soupe de cannelle

¼ tasse (85 g) de miel, à diviser

¼ tasse (60 g) de cassonade

Farine tout usage pour fariner le plan de travail

1 pâte feuilletée, refroidie, non congelée

½ tasse (60 g) de noix hachées

1. Préchauffer le four à 350 °F (180 °C ou température 4).

2. Dans un grand bol, mélanger la *purée d'abricots, de raisins secs, de carottes, de graines de lin et de noix* avec le beurre, la cannelle, le miel (réserver juste une petite quantité pour napper légèrement à la fin) et la cassonade.

3. Étaler la pâte feuilletée sur un plan de travail fariné en un rectangle de 12 x 24 pouces (30 cm x 61 cm) et d'une d'épaisseur de ¼ pouce (6 mm). Faire fondre un peu de beurre, puis, au pinceau, badigeonner la pâtisserie.

4. Étendre le mélange sur la pâte et rouler celle-ci sur elle-même, comme pour un gâteau roulé. Pincer les bords ensemble avec de l'eau, puis renverser le gâteau sur le dessus. Couper en tranches de 1 ½ pouce (4 cm) d'épaisseur environ.

5. Placer les brioches les unes près des autres, ou se touchant, dans un moule de 10 pouces (25 cm) préalablement beurré.

6. Garnir de noix hachées et napper légèrement avec un peu de miel.

7. Cuire de 15 à 18 minutes, jusqu'à ce que le dessus soit doré.

8. Servir chaud.

Sucettes glacées du déjeuner

11 mois et plus

DONNE 12 SUCETTES GLACÉES

....

Des sucettes glacées servies au déjeuner? Parfaitement! Ce sont des bouchées rapides et nourrissantes à manger le matin. Toute la famille peut mettre la main à la pâte pour confectionner ces petits bijoux. C'est pourquoi j'aime tant les préparer.

**2 tasses (500 ml) de *purée de bananes, de beurre d'amandes et de graines de lin*
   (voir page 41)**
¼ tasse (30 g) de noix hachées finement

1. Mélanger la *purée de bananes, de beurre d'amandes et de graines de lin* et les noix hachées.
2. Congeler dans des contenants en papier individuels et y insérer des bâtonnets en bois, ou utiliser des moules à sucettes.

Tartelettes aux asperges

19 mois et plus

DONNE 12 TARTELETTES OU PORTIONS

....

Ces tartelettes plaisent aux enfants. Ce sont des amuse-gueules appétissants et faciles à préparer, et vos petits seront ravis de mettre la main à la pâte ! L'une de mes amies prépare parfois des hors-d'œuvre pour le souper de ses deux enfants. Voici une idée géniale : préparez ces amuse-gueules pour le souper, et offrez à toute votre famille une soirée tapas.

Farine tout usage pour fariner le plan de travail
1 pâte feuilletée, refroidie, non congelée
1 tasse (250 ml) de *purée consistante d'asperges et d'olives* (voir page 42)
½ tasse (40 g) de fromage havarti râpé
½ tasse (45 g) de parmesan râpé

1. Préchauffer le four à 350 °F (180 °C ou température 4).

2. Dérouler la pâte feuilletée sur une surface enfarinée en un rectangle d'environ 12 x 24 pouces (30 x 60 cm) et de ¼ pouce (6 mm) d'épaisseur.

3. En utilisant un emporte-pièce rond de 3 pouces (7 cm), découper des ronds de pâte feuilletée.

4. Vaporiser un gras antiadhésif sur des moules à muffins. Placer un seul rond par cavité. Avec la pointe d'une fourchette, piquer à quelques endroits le fond de chacun des ronds de pâtisserie.

5. Déposer environ 1 cuillerée à soupe du mélange de *purée consistante d'asperges et d'olives* dans chaque rond de pâte feuilletée, puis les garnir d'un peu de fromage.

6. Cuire de 10 à 12 minutes, jusqu'à ce que le dessus soit doré.

7. Servir chaud.

Quinoa sucré aux légumes

11 mois et plus

DONNE 2 TASSES (500 ML) OU 4 PORTIONS

....

Le quinoa est une pseudo-céréale très riche en protéines. Elle constitue un substitut idéal à la viande, et son goût de noisette plaît à la plupart des bambins. En l'ajoutant à la *purée de bette à carde, de bananes et de graines de chanvre*, j'obtiens un repas nourrissant que mon fils Bodhi dévore tout rond. Cette céréale polyvalente peut être utilisée dans des repas au goût sucré ou salé. Le surplus de purée donne de délicieuses sucettes glacées si vous y ajoutez une banane supplémentaire. Congelez la nouvelle purée dans des moules à sucettes toute la nuit, puis servez-les le lendemain comme délicieuses gâteries.

1 tasse (175 g) de quinoa cru, rincé
1 tasse (250 ml) d'eau
1 tasse (250 ml) de bouillon de légumes
1 cuillerée à thé de beurre
½ tasse (125 ml) de *purée de bette à carde, de bananes et de graines de chanvre* (voir page 43)

1. Mélanger le quinoa, l'eau, le bouillon de légumes et le beurre dans une casserole moyenne. Porter à ébullition. Réduire le feu, couvrir et laisser mijoter à feu doux 10 minutes ou jusqu'à ce que le quinoa soit gonflé.

2. Incorporer la *purée de bette à carde, de bananes et de graines de chanvre*. Servir chaud.

REMARQUE

....

Vous pouvez servir ce plat en l'accompagnant de légumes grillés tels les courgettes, les carottes, les oignons, l'ail et les pommes de terre. C'est un repas chaud idéal pour les enfants qui ont passé une longue journée à jouer. Vous serez satisfaite des résultats, et votre famille heureuse et rassasiée.

Craquelins croquants au cheddar

14 mois et plus

DONNE ENVIRON 5 TASSES (875 G) DE CRAQUELINS

Tout le monde adore les craquelins au fromage. Nous les trouvons dans les épiceries et les intégrons aux boîtes à lunch de nos enfants. Ils sont toutefois si faciles et amusants à préparer. Laissez vos petits vous aider à concocter cette recette. Ils en tireront un plaisir fou! Et imaginez leur fierté lorsqu'ils raconteront à leurs amis, à l'école, qu'ils ont fait ces craquelins eux-mêmes

1 morceau (½ tasse ou 112 g) de beurre non salé, ramolli
1 tasse (120 g) de cheddar fort râpé
1 tasse (250 ml) de *purée de millet et de cheddar* (voir page 44)
1 ½ tasse (185 g) de farine tout usage
1 cuillerée à thé de sel de mer

1. Préchauffer le four à 325 °F (170 °C ou température 3).
2. Passer tous les ingrédients au mélangeur.
3. Mettre la pâte obtenue sur un plan de travail fariné et pétrir pour obtenir une boule.
4. Laisser la boule de pâte reposer au réfrigérateur environ 15 minutes.
5. Abaisser la pâte à une épaisseur d'environ ⅛ pouce (3 mm).
6. En utilisant un couteau à pizza ou un petit emporte-pièce à biscuits, découper la pâte en forme de craquelins carrés. Avec un couteau à pizza, découper des carrés d'environ 1 ½ x 1 ½ pouce (4 cm x 4 cm).
7. Sur une plaque à pâtisserie dont le fond a été tapissé de papier sulfurisé, cuire au four de 10 à 12 minutes, jusqu'à ce que les craquelins aient bruni.
8. Laisser refroidir complètement avant de servir.

Salsa à l'aubergine

14 mois et plus

DONNE ENVIRON 2 TASSES (500 ML)

La salsa est toujours appréciée lors d'une fête. La recette ici détaillée est moins calorique que celle des salsas généralement commercialisées. Ajustez les épices selon les goûts de chacun de vos enfants.

1 ½ tasse (375 ml) de *purée d'aubergines grillées* (voir page 45)
¼ tasse (40 g) d'oignon jaune, émincé
1 gousse d'ail, émincée
¼ tasse (4 g) de coriandre fraîche, émincée
3 tomates italiennes, hachées finement
2 cuillerées à soupe de persil frais, émincé
1 cuillerée à thé de sel de mer
1 cuillerée à thé de poivre
1 pincée de poivre de cayenne

1. Dans un bol de taille moyenne, mélanger la *purée d'aubergines grillées* et tous les autres ingrédients.
2. Servir avec des craquelins.

Flétan au parmesan en croûte, sauce au citron et aux câpres

15 mois et plus

DONNE 4 PORTIONS POUR ADULTE OU 6 PORTIONS POUR ENFANT

Le flétan est un poisson à chair délicate idéal pour les enfants. Accompagnez-le d'une délicieuse purée de pommes de terre au parmesan.

4 filets de flétan sauvage, fraîchement pêché
¼ cuillerée à thé de sel et de poivre pour chaque filet
1 tasse (250 ml) de *purée de pommes de terre au parmesan* (voir page 46), à diviser
2 cuillerées à soupe de beurre non salé
Le jus de 2 citrons
1 cuillerée à soupe de câpres
¼ tasse (55 g) de beurre fondu
Sel et poivre, au goût

1. Préchauffer le four à 350 °F (180 °C ou température 4).

2. Saler et poivrer chaque filet des deux côtés, puis couvrir une face de *purée de pommes de terre au parmesan* (environ ¼ tasse, ou 60 ml, par filet).

3. Faites fondre une noisette de beurre dans un poêlon antiadhésif. Placer chaque filet, la purée en dessous, dans le poêlon chaud et cuire environ 5 minutes. Retourner délicatement pour garder la croûte intacte et cuire 3 minutes de plus.

4. Placer le poisson dans un plat de cuisson et le mettre au four 5 minutes.

5. Pendant ce temps, dans une petite casserole, faire fondre le reste du beurre. Ajouter le jus de citron, les câpres, le sel et le poivre.

6. Napper chaque filet de sauce au beurre avant de servir.

Pâte de fruits séchée aux abricots et aux framboises

20 mois et plus

DONNE ENVIRON 30 PÂTES DE FRUITS SÉCHÉES

Les pâtes de fruits séchées sont géniales pour les lunchs, et comme collation après l'école. Elles sont très faciles à faire. Vous pouvez réaliser cette recette avec n'importe quelle purée aux fruits. Je dois avouer que j'aime en grignoter aussi à l'occasion. Mes enfants considèrent ces pâtes comme des gâteries. Essayez de transformer vos purées de fruits et de légumes en rouleaux de pâte séchée, et vous verrez leur réaction.

4 tasses (1 l) de *purée d'abricots et de framboises* (voir page 47)
2 cuillerées à soupe de sirop d'agave cru

1. Préchauffer le four à 120 °F (48 °C) (ou la plus basse température de votre four).

2. Tapisser une plaque à pâtisserie d'un morceau de pellicule de plastique résistante à la chaleur ou de papier sulfurisé préalablement vaporisé d'aérosol de cuisson.

3. Mélanger la *purée d'abricots et de framboises* et le sirop d'agave.

4. Verser le mélange sur la plaque, en une couche très mince d'environ ¼ pouce (6 mm) d'épaisseur.

5. Cuire au four environ 3 heures en laissant la porte légèrement entrouverte, jusqu'à ce que la purée de fruits ait séché.

6. Retirer du four et couper en languettes avec un couteau à pizza, dans le sens de la longueur de la plaque. Couper en deux ces languettes, puis terminer l'opération en les roulant. Entreposer dans un bocal hermétique en verre.

purées d'été

L'été nous apporte une abondante récolte de fraises, de pêches et de pastèques juteuses, ainsi que de petits fruits et de fruits exotiques. C'est le temps de l'année où les enfants s'amusent sous les jets d'eau du parc, creusent dans la terre pour trouver coccinelles et vers de terre et où nous regardons nos bébés trébucher dans le sable humide. Nous passons beaucoup de temps dans la cour à cuisiner sur le barbecue, à manger des sucettes glacées et à discuter avec des amis autour d'un bon souper par une chaude soirée d'été. Quoi de plus agréable que de préparer de la nourriture pour bébés durant cette saison ! Mère Nature nous offre une corne d'abondance de délicieuses friandises. C'est presque un péché de ne pas en profiter.

Produits locaux et biologiques

Manger des aliments provenant de producteurs locaux aide à se maintenir en bonne santé. Ils procurent à votre organisme tout ce dont il a besoin à chacune des périodes de l'année. Les grenades ne sont de saison qu'en automne. C'est à cette période que le froid s'installe graduellement et que nous attrapons de petites affections. Nous avons alors besoin d'un surplus de vitamines. Arrive alors à notre rescousse cet aliment antioxydant formidable, la grenade, qui renforce notre système immunitaire. En mangeant des fruits et des légumes de saison, nous donnons à notre corps la chance de combattre les rhumes, les grippes et les autres petites maladies qui surviennent sans crier gare.

Les aliments biologiques ne sont pas réservés aux personnes qui se préoccupent de leur santé. Ils sont bons pour tout le monde. Pourquoi ne pas nourrir votre bébé de ce que la nature offre de meilleur quand vous commencez à lui donner des aliments solides ? Son système digestif tout neuf connaîtra un bon départ avec les premières saveurs issues de la générosité de mère Nature. Si vous faites pousser vos aliments pour votre bébé dans votre potager, vous saurez qu'ils sont les plus purs qui soient. Si vous n'avez pas de potager et que vous vous procurez vos fruits et légumes frais dans un marché fermier ou dans une épicerie, ou que vous participez à l'agriculture soutenue par la communauté (ASC), assurez-vous de choisir uniquement les produits les plus frais selon la saison de l'année.

Bien que nous ne connaissions pas tous les effets des produits chimiques vaporisés sur nos aliments, nous savons en revanche que les aliments traités chimiquement contiennent de fortes concentrations de nitrates et qu'ils n'ont pas aussi bon goût. De plus, le système digestif délicat des bébés est plus vulnérable aux effets négatifs de ces produits. Il est donc conseillé de se tenir loin de ces aliments, autant pour soi que pour les bébés. Les aliments biologiques qui ont fait l'objet d'une attention particulière des producteurs agricoles sont délicieux et plus juteux. Nous nous sentons bien lorsque nous en mangeons, et les méthodes grâce auxquelles ils sont produits sont respectueuses de l'environnement.

Acheter directement auprès des producteurs agricoles

Pour enseigner à nos enfants d'où vient leur nourriture, il est judicieux de commencer par leur parler de nos fermiers. Tous les aliments proviennent de quelque part, et quelqu'un doit s'en occuper, les faire pousser, les récolter et les acheminer aux consommateurs. Nos fermiers ne reçoivent pas toute la reconnaissance qu'ils méritent. Apprendre à connaître ceux et celles qui produisent nos aliments peut aider les familles à apprécier davantage ce qu'ils mangent. Les projets d'agriculture soutenue par la communauté (ASC) se multiplient, et ils encouragent les fermiers en supprimant les intermédiaires.

Comment fonctionne l'agriculture soutenue par la communauté? Cette formule permet aux consommateurs de devenir partenaires d'une ferme locale en achetant à l'avance des paniers de légumes livrés chaque semaine à un point de chute. En y participant, les gens consomment des produits locaux de qualité, et encouragent le développement durable et une agriculture respectueuse de l'environnement. Si la récolte de courgettes est bonne, vous en recevrez dans votre panier. Si celle du maïs est désastreuse à cause de pluies trop abondantes, vous ne disposerez d'aucun épi. Beaucoup de gens s'attendent à trouver en tout temps sur les étals ce qu'ils désirent.

Faire son marché selon la formule de l'agriculture soutenue par la communauté peut représenter un changement d'habitudes profond, mais c'est une façon géniale de manger les meilleurs aliments sans avoir à les faire pousser vous-même. Les fermiers sont les héros de la chaîne alimentaire, et ils ont besoin de nos encouragements. Ceux qui cultivent des fruits et légumes biologiques n'ont pas la tâche facile, puisqu'ils doivent combattre les infestations d'insectes, composer avec les sautes d'humeur de mère Nature et surmonter divers obstacles, et ce, sans utiliser de produits chimiques toxiques. Inviter vos enfants à vous accompagner quand vous allez chercher votre panier de la semaine peut leur permettre d'apprendre d'où viennent les aliments qu'ils mangent et qui les cultive. Voir mes enfants serrer la main du fermier qui a fait pousser le brocoli de notre soupe me fait chaud au cœur. Cette approche aura sur eux un effet durable.

Cultiver des aliments avec vos enfants

Nos enfants sont totalement ignorants de la provenance de leur nourriture quand ils font les emplettes avec leurs parents. Pour les rendre conscients des liens entre leur santé et leur alimentation, initiez-les à des activités de jardinage ou aux travaux à la ferme. Commencez avec un petit potager de fines herbes, puis ajoutez graduellement des légumes comme les tomates, les oignons et autres produits de base couramment utilisés.

Les petites bouches capricieuses

Habituellement, un bébé a besoin d'essayer un nouvel aliment huit fois avant de développer une attirance pour son goût. Gardez à l'esprit que votre enfant, malgré la confiance innée qu'il vous porte, est un être à part entière et qu'il pourrait avoir des goûts différents des vôtres. Beaucoup de parents font l'erreur de ne pas offrir à leur bébé les aliments qu'eux-mêmes n'aiment pas, présumant qu'il ne les aimera pas non plus. C'est toutefois très souvent le contraire. Par exemple, je ne suis pas tellement friande des haricots noirs. En revanche, je les ai offerts à mes enfants, sachant combien ils sont bons pour la santé. Eh bien, les haricots noirs sont l'aliment préféré de deux d'entre eux.

Quand votre bébé grandit et devient un bambin, vous constatez peut-être qu'il entame une nouvelle phase : celle des caprices. Si tel est le cas, il n'y a pas lieu de désespérer. Il existe des solutions pour aider votre enfant à traverser cette passe. À la longue, il reviendra à son habitude d'aimer une variété d'aliments, même si cela peut prendre du temps. Il est important de persévérer. Essayez de permettre à vos enfants plus vieux d'offrir au benjamin des aliments, ou changez l'environnement d'un repas ; par exemple, mangez sur l'herbe par une chaude soirée d'été. Il est sensé d'offrir à votre bébé un large éventail de saveurs et d'aliments dès le départ. Vous éduquerez ainsi son palais et l'aiderez à goûter réellement à tout le plaisir de bien se nourrir.

Yogourt aux mûres et aux bleuets

8 mois et plus

DONNE 2 TASSES (500 ML) OU 6 À 8 PORTIONS POUR BÉBÉ

RECETTE DEUX EN UNE: **PANINI AU JAMBON ET AUX PETITS FRUITS AVEC FROMAGE DE CHÈVRE**, PAGE 90

....

Le yogourt est un aliment formidable pour les bébés puisqu'il est riche en cultures vivantes et en lipides, des apports qui aident au développement du cerveau. Mon bébé aime cette combinaison de petits fruits et de yogourt, tout comme les autres membres de ma famille, qui en ajoutent un peu dans leurs sandwichs pour une petite touche spéciale.

½ tasse (75 g) de bleuets entiers
½ tasse (75 g) de mûres entières
½ tasse (120 g) de yogourt nature à la grecque

1. Laver les petits fruits avec de l'eau et les cuire à la vapeur de 3 à 5 minutes, jusqu'à ce qu'ils soient tendres.
2. Réserver l'eau de cuisson.
3. Presser les petits fruits cuits dans un chinois pour séparer les graines. Récolter le jus et la pulpe dans un bol à mélanger. Bien racler le fond du chinois pour recueillir toute la pulpe.
4. Passer au mélangeur le jus et la pulpe, puis réduire en purée lisse. Ajouter 1 cuillerée à thé d'eau de cuisson à la fois, au besoin, afin d'obtenir la consistance souhaitée.
5. Verser le mélange de petits fruits dans un bol à mélanger, ajouter le yogourt, puis, avec un fouet, battre jusqu'à ce que le mélange soit homogène.

purées d'été

Purée crue de mangues, de papayes et de noix de coco

7 mois et plus

DONNE 2 TASSES (500 ML) OU 6 À 8 PORTIONS POUR BÉBÉ

RECETTE DEUX EN UNE : **WONTONS AU MIEL AVEC GARNITURE EXOTIQUE**, PAGE 91

Les bébés ont besoin de beaucoup de fer. Les mangues en contiennent énormément et elles sont riches en antioxydants. Combinez-les à une papaye juteuse, excellente pour la digestion, et à de la noix de coco. Celle-ci est une bonne source d'acides gras oméga 6 qui aident au développement du cerveau. Cette recette est un délice exotique qui mérite d'être dévoré tout rond.

1 mangue entière
½ papaye
¼ tasse (20 g) de flocons de noix de coco, frais

1. Peler et couper la mangue et la papaye grossièrement.
2. Passer au mélangeur ou au robot culinaire, la mangue, la papaye et les flocons de noix de coco jusqu'à obtenir la consistance souhaitée.
3. Servir froid.

Purée de fraises, de pêches, d'ananas et de grenades

10 mois et plus

DONNE 4 TASSES (1 L) OU 8 PORTIONS POUR BÉBÉ

RECETTE DEUX EN UNE : **DÉJEUNER D'ÉTÉ AUX CÉRÉALES FROIDES ET AU YOGOURT**, PAGE 91

....

Tous les bébés aiment les saveurs exotiques de ce mélange de purées. Très riche en antioxydants, il recèle un goût aigre-doux. Préparez cette recette à partir de la fin de l'été jusqu'au cœur de l'automne, quand les grenades sont de saison. Vous profiterez pleinement du goût naturellement sucré de chaque fruit.

2 tasses (350 g) de fraises, hachées
2 tasses (300 g) de pêches, hachées (la pelure peut être conservée)
1 petit ananas, écorcé et haché grossièrement
1 tasse (175 g) de graines de grenade fraîche

1. Mettre tous les ingrédients dans un mélangeur et réduire en purée lisse. Ajouter 1 cuillerée à thé d'eau à la fois pour obtenir une consistance plus homogène, selon l'envie.

Purée pure de pêches

6 mois et plus

DONNE 3 TASSES (750 ML) OU 8 PORTIONS POUR BÉBÉ

RECETTE DEUX EN UNE : **CRÈME GLACÉE MAISON AUX PÊCHES ET À LA MENTHE**, PAGE 92

....

Durant l'été, les pêches sont les friandises de mère Nature. Ce fruit à noyau, sucré et délicieux, est le premier aliment solide idéal pour votre bébé. Les pêches, riches en vitamines C et A, et en fibres, sont considérées comme peu allergènes.

5 pêches entières

1. Laver et couper les pêches en laissant la pelure.
2. Cuire les pêches à la vapeur de 5 à 7 minutes, jusqu'à ce qu'elles soient tendres. Réserver l'eau de cuisson.
3. Transférer les pêches dans un robot culinaire et ajouter 2 cuillerées à soupe de l'eau réservée.
4. Réduire en purée lisse.

Purées santé pour bébé

Purée consistante de tomates et d'ail grillés, et de bette à carde

9 mois et plus

DONNE 3 TASSES (750 ML) OU 8 PORTIONS POUR BÉBÉ

RECETTE DEUX EN UNE : **SOUPE AUX TOMATES GRILLÉES**, PAGE 93

....

Les tomates sont riches en vitamine C, tandis que la bette à carde contient des vitamines K, A et C. Leur combinaison forme une purée pleine de saveurs que les bébés adorent. Quand votre bébé grandit et peut manger une nourriture plus consistante, mélangez cette purée à des coquillettes, du millet ou du quinoa. Vous obtiendrez ainsi un plat que toute la famille appréciera.

2 grosses tomates, coupées en deux

2 grosses gousses d'ail

1 cuillerée à soupe d'huile d'olive

1 tasse (75 g) de feuilles de bette à carde fraîche, sans tiges

1. Préchauffer le four à 300 °F (150 °C).
2. Sur une plaque de cuisson tapissée de papier sulfurisé, placer les tomates et l'ail pelé, puis napper légèrement le tout d'huile d'olive. Faire griller au four 15 minutes.
3. Cuire la bette à carde à la vapeur de 5 à 7 minutes ou jusqu'à ce qu'elle soit tendre.
4. Mettre les tomates, l'ail et la bette à carde dans un mélangeur ou un robot culinaire, puis réduire en purée lisse. Servir chaud.

purées d'été

Purée de fraises et de prunes

9 mois et plus

DONNE 2 TASSES (500 ML) OU 5 PORTIONS POUR BÉBÉ

RECETTE DEUX EN UNE : **BISCUITS AMÉRICAINS AU BABEURRE ET À LA CONFITURE D'ÉTÉ**, PAGE 94

Fraises et prunes constituent la combinaison rêvée pour un bébé et une cuisinière. Cette source d'énergie sucrée se prête bien à une kyrielle de plats, et les bébés raffolent de cette friandise de la nature. Toutefois, les fraises sont très allergènes. Il faut attendre que votre bébé soit un peu plus âgé avant de lui en offrir. Ainsi, son système digestif sera plus développé et en mesure de mieux absorber des aliments divers. Les fraises et les prunes sont riches en vitamine C. Les prunes contiennent, par ailleurs, du potassium.

3 prunes, pelées et coupées en dés
2 tasses (350 g) de fraises, hachées

1. Cuire ensemble les prunes et les fraises à la vapeur de 5 à 7 minutes, jusqu'à ce qu'elles soient tendres. Réserver l'eau de cuisson.

2. Passer au mélangeur prunes et fraises. Les réduire en purée lisse. Ajouter 1 cuillerée à thé d'eau de cuisson à la fois, au besoin, afin d'obtenir la consistance souhaitée.

Purée de fraises, de figues et de bananes

9 mois et plus

DONNE 2 TASSES (500 ML) OU 4 PORTIONS POUR BÉBÉ

RECETTE DEUX EN UNE : **CHAUSSONS AUX FRAISES AVEC CRÈME FOUETTÉE AU CITRON ET COULIS DE FIGUES,** PAGE 95

....

Les figues sont délicieuses ! Malgré leur apparence exotique, elles sont en fait bien ordinaires. Les gens ignorent généralement comment les apprêter. Elles possèdent un goût de noisette naturellement sucré qui reste longtemps en bouche, et sont riches en potassium et en fibres. Elles poussent dans les arbres et font partie de la famille des *moraceæ*. Nappées de miel chaud, et servies avec du fromage et des craquelins, elles constituent une savoureuse collation après l'école.

2 tasses (350 g) de fraises, hachées
4 figues fraîches, coupées en deux
2 bananes, pelées et tranchées

1. Cuire ensemble les fraises et les figues à la vapeur durant 3 minutes, jusqu'à ce qu'elles soient tendres.
2. Réserver l'eau de cuisson.
3. Passer au mélangeur les fraises et les figues cuites, ainsi que les bananes, et réduire en purée lisse.
4. Ajouter 1 cuillerée à thé d'eau de cuisson à la fois, au besoin, afin d'obtenir la consistance souhaitée.

REMARQUE

....

Vous pouvez concocter cette recette avec des figues séchées. Du fait de leur plus petite taille, utilisez 6 figues au lieu de 4.

purées d'été

Purée au pesto, aux épinards, au basilic et au germe de blé

12 mois et plus

DONNE 1 ½ TASSE (375 ML) OU 3 PORTIONS POUR BÉBÉ

RECETTE DEUX EN UNE : **PIZZA DE PAIN PLAT AU PESTO ET AUX LÉGUMES D'ÉTÉ**, PAGE 96

Ajouter des fines herbes aux recettes conçues pour votre bébé est une excellente façon d'introduire des saveurs uniques et des condiments dans son alimentation. La recette ci-dessous est parfaite pour tout bébé qui commence à manger de la nourriture plus consistante. Vous pouvez incorporer à cette purée des coquillettes ou de l'orzo pour votre petit gourmet aventureux.

3 tasses (100 g) d'épinards, hachés
2 tasses (80 g) de basilic frais, haché
1 grosse gousse d'ail, émincée
½ tasse (50 g) de parmesan frais, râpé
¼ tasse (33 g) de noix de pin ou de noix
1 cuillerée à soupe de germe de blé
¼ tasse (60 ml) d'huile d'olive

1. Mettre les épinards, le basilic, l'ail, le parmesan, les noix et le germe de blé dans un robot culinaire ou un mélangeur, puis réduire en purée lisse.

2. Ajouter lentement un filet d'huile d'olive tout en continuant à mélanger.

3. Servir comme une purée pour bébé, ou sur des coquillettes ou de l'orzo.

purées d'été

Haricots noirs, courgettes et feta à la mijoteuse

11 mois et plus

DONNE 10 TASSES (2,5 À 3 L) OU 20 PORTIONS POUR BÉBÉ

RECETTE DEUX EN UNE : **QUESADILLAS DE BLÉ ENTIER AUX HARICOTS NOIRS**, PAGE 97

....

Les haricots noirs sont pleins de protéines. Mon petit River en raffole. Quand vous les accompagnez de feta, le goût est plus prononcé. De plus, le feta favorise la mastication de votre bébé. Préparer ce plat dans la mijoteuse requiert un peu de travail. Il s'agit de bien planifier votre temps.

1 lb (450 g) de haricots noirs frais, lavés et trempés

32 onces (1 l) de bouillon de poulet

2 feuilles de laurier

1 oignon, haché

2 gousses d'ail, hachées

2 courgettes, hachées

½ tasse (75 g) de feta

1. Faire tremper les haricots dans l'eau toute la nuit.

2. Le lendemain, égoutter les haricots et les placer dans la mijoteuse. Les couvrir de bouillon de poulet.

3. Ajouter les feuilles de laurier, l'oignon, l'ail, les courgettes et le feta.

4. Cuire toute la nuit (environ 8 heures) à la mijoteuse, à température élevée. Le repas sera prêt à servir au matin.

Repas consistant au riz thaï au lait de coco

11 mois et plus

DONNE 2 TASSES (500 ML) OU 4 PORTIONS POUR BÉBÉ

RECETTE DEUX EN UNE : **SOUPE AUX CREVETTES À LA NOIX DE COCO,** PAGE 98

....

Ce classique de la cuisine thaïe est savoureux et amusant. Il donne à votre enfant qui grandit l'occasion d'essayer de nouveaux aliments. Pour un bébé pas encore pleinement capable de mâcher, actionner simplement le mode pulsion du mélangeur à la fin de la recette pour rendre le repas moins consistant et plus facile à ingérer.

2 tasses (500 ml) de lait de coco

¼ cuillerée à thé de curcuma

1 tasse (200 g) de riz basmati

1 oignon jaune, émincé

1 gousse d'ail, émincée

¼ cuillerée à thé de concentré de protéines liquides

1. Dans une casserole moyenne, faire chauffer le lait de coco et le curcuma ensemble. Ajouter le riz, l'oignon, l'ail et le concentré de protéines liquides. Remuer et couvrir.

2. Porter à ébullition, puis réduire le feu. Garder couvert et laisser mijoter environ 10 minutes ou jusqu'à ce que le riz soit tendre. Attention de ne pas trop faire cuire le riz.

3. Servir chaud.

Ratatouille

11 mois et plus

DONNE 4 TASSES (1 L) OU 8 PORTIONS POUR BÉBÉ

RECETTE DEUX EN UNE : **RATATOUILLE DE MAMAN ET PAPA,** PAGE 99

....

Voici un mets traditionnel qui fournit à votre bébé tout ce que votre potager peut offrir de bon. Il est agréable de préparer une recette savoureuse qui utilise tous les restes de légumes. Bébé, mon fils Bodhi l'aimait particulièrement et pour moi, c'était bien pratique de trouver la plupart de ses ingrédients directement dans mon jardin. Si vous planifiez d'utiliser cette recette pour la *ratatouille de maman et papa*, réserver 3 tasses (750 ml) du mélange de légumes avant de le passer au mélangeur.

2 cuillerées à soupe d'huile de noix de coco

1 oignon jaune, haché

1 gousse d'ail, émincée

1 cuillerée à thé d'origan frais

2 tasses (395 g) de tomates Roma, coupées en dés

1 courgette, pelée et coupée en dés

1 poivron jaune, coupé en dés

1 petite aubergine violette, pelée et coupée en dés

½ cuillerée à thé de romarin frais

½ tasse (20 g) de basilic frais

1. Dans une grande casserole, chauffer l'huile de noix de coco. Ajouter l'oignon, l'ail et l'origan, puis faire sauter jusqu'à ce que le tout soit légèrement bruni.

2. Ajouter les tomates, la courgette, le poivron, l'aubergine, le romarin et le basilic, puis laisser mijoter à feu moyen, jusqu'à ce que les légumes soient tendres et les saveurs, bien mélangées.

3. Verser les légumes dans le mélangeur, puis appuyer sur la touche pulsion jusqu'à l'obtention de la consistance souhaitée.

Purée d'épinards, de bette à carde, de brocoli, de baies de goji et de bananes

7 mois et plus

DONNE 2 TASSES (500 ML) OU 4 PORTIONS POUR BÉBÉ

RECETTE DEUX EN UNE : **HAMBURGER À LA DINDE SUR BARBECUE,** PAGE 99

Cette purée, qui contient une profusion d'antioxydants et de protéines, est une des plus nutritives. L'ingrédient vedette est la baie de goji. Si vous n'êtes pas familière de ce délicieux fruit sec, sachez qu'il est riche en vitamine C et renforce le système immunitaire. Il est désormais très répandu sur le marché, et vous pouvez vous en procurer dans votre magasin d'aliments naturels.

1 tasse (70 g) de brocoli, haché
1 tasse (30 g) de feuilles d'épinard, bien tassées et sans tiges
1 tasse (30 g) de feuilles de bette à carde, hachées, bien tassées et sans tiges
½ tasse (75 g) de baies de goji
2 bananes, pelées et tranchées

1. Cuire ensemble à la vapeur le brocoli, les feuilles d'épinard et de bette à carde, et les baies de goji de 3 à 5 minutes, jusqu'à ce que ce soit tendre. Réserver l'eau de cuisson.

2. Passer le tout au mélangeur avec les tranches de banane, puis réduire en purée lisse. Ajouter 1 cuillerée à thé d'eau de cuisson à la fois, au besoin, afin d'obtenir la consistance souhaitée.

purées d'été

Gruau à l'avoine épointée et aux petits fruits à la mijoteuse

9 mois et plus

DONNE 4 TASSES OU 6 À 8 PORTIONS POUR BÉBÉ

RECETTE DEUX EN UNE : **GÂTEAU NOURRISSANT AU GRUAU ET AUX PETITS FRUITS**, PAGE 100

....

Le gruau d'avoine est un aliment merveilleusement substantiel dont les bébés raffolent. Grâce à la mijoteuse, vous pouvez préparer sans grand effort un mets de grains entiers nourrissant. Vous n'avez qu'à ajouter les ingrédients et laisser cuire. Pour les parents actifs, cette recette est une excellente solution, surtout si votre famille ressemble un peu à la mienne ; il y en a, des petites bouches à nourrir le matin, avant de partir pour l'école !

1 tasse (80 g) d'avoine épointée, crue
4 ½ tasses (1,1 l) d'eau
1 tasse (125 g) de framboises
½ cuillerée à thé de germe de blé

1. Mélanger tous les ingrédients dans une grosse mijoteuse légèrement graissée.

2. Cuire à feu doux toute la nuit, ou de 6 à 8 heures.

Purée de soirée pizza

11 mois et plus

DONNE 2 ½ TASSES (625 ML) OU 4 À 5 PORTIONS POUR BÉBÉ

RECETTE DEUX EN UNE : **PIZZA POUR LES AMIS ET LA FAMILLE,** PAGE 100

Qui n'aime pas les soirées pizza ? C'est un excellent prétexte pour se réunir autour d'un bon repas. Cette purée de soirée pizza donne également une délicieuse trempette. Mes enfants adorent plonger un morceau de pain dans la sauce. Des biscuits cuisinés maison peuvent remplacer le pain.

1 cuillerée à soupe d'huile de noix de coco

1 oignon jaune de taille moyenne, haché

1 gousse d'ail, émincée

1 cuillerée à thé d'origan frais

3 carottes, pelées et hachées

2 tasses (500 ml) de tomates Roma, coupées en dés

½ tasse (20 g) de basilic frais

1. Dans une grande casserole, chauffer l'huile de noix de coco. Ajouter l'oignon, l'ail, l'origan et les carottes, puis faire sauter jusqu'à ce que l'oignon soit doré et les carottes, tendres.

2. Ajouter les tomates et le basilic, puis faire mijoter à feu moyen jusqu'à ce que les légumes soient tendres et les saveurs, bien mélangées.

3. Verser le tout dans un mélangeur et appuyer sur la touche pulsion jusqu'à obtenir la consistance souhaitée.

Repas consistant au crabe, au citron et aux poivrons

12 mois et plus

DONNE 2 TASSES (500 ML) OU 4 PORTIONS POUR BÉBÉ

RECETTE DEUX EN UNE : **CROQUETTES DE CRABE ÉPICÉES,** PAGE 101

Ce petit bijou de recette fait découvrir à votre bébé le goût du crabe dans le cadre champêtre des repas en plein air. Attendez que votre bébé ait développé un bon appétit et sache mâcher de la nourriture solide avant de lui offrir ce plat. Ne jetez rien s'il ne mange pas tout, car les restes pourront servir à préparer de délicieuses croquettes de crabe pour toute la famille.

½ petit poivron rouge, coupé en longues lanières
½ lb (8 onces ou 225 g) de morceaux de crabe, triés
2 cuillerées à soupe de jus de citron

1. Préchauffer le four à 350 °F (180 °C ou température 4).
2. Placer les morceaux de poivron rouge dans un plat de cuisson en verre peu profond et faire rôtir de 15 à 20 minutes.
3. Mélanger le poivron grillé, le crabe et le jus de citron, puis appuyer sur la touche pulsion du mélangeur jusqu'à obtenir la texture désirée.

Dans l'assiette, pensez arc-en-ciel

Quand vous nourrissez votre bébé, il est important d'ajouter de la couleur dans son assiette. En préparant des aliments aux teintes vives et variées, vous accroissez leur attractivité pour l'enfant. De belles couleurs comme le vert, le jaune, l'orange, le rouge et le pourpre devraient régulièrement se retrouver dans l'assiette de votre bébé. En outre, vous encouragerez ainsi les producteurs maraîchers locaux en servant leurs produits sur votre table.

purées d'été

Purée de nectarines

6 mois et plus

DONNE 3 TASSES (750 ML) OU 8 PORTIONS POUR BÉBÉ

RECETTE DEUX EN UNE : **BISCUITS AMÉRICAINS À LA NECTARINE POUR LA DENTITION,** PAGE 101

....

Tout comme la pêche, la nectarine est un fruit à noyau sucré, délicieux quand il est de saison. Elle est idéale comme premier aliment pour les bébés puisque facile à digérer. J'aime ce fruit dans les confitures, les tartes et les salades d'été, mais aussi nature. Les bébés apprécient cette purée sucrée qui, de surcroît, est riche en vitamines A et C, et en autres nutriments essentiels.

5 nectarines entières

1. Laver et couper les nectarines en laissant la pelure.
2. Cuire les nectarines à la vapeur de 5 à 7 minutes ou jusqu'à ce qu'elles soient tendres. Réserver l'eau de cuisson.
3. Verser les nectarines dans un robot culinaire et ajouter 2 cuillerées à soupe de l'eau réservée.
4. Passer au mélangeur afin d'obtenir la consistance souhaitée.

purées d'été

Panini au jambon et aux petits fruits avec fromage de chèvre

15 mois et plus

DONNE 2 PORTIONS POUR ADULTE OU 4 PORTIONS POUR ENFANT

Cette combinaison de sucré et de salé est une délicieuse variante du sandwich jambon-fromage classique. Les enfants s'amuseront à confectionner ce panini, surtout quand ils apprendront qu'il contient des fleurs comestibles.
Remarque : Vous aurez besoin d'un gril pour panini pour préparer ce plat.

4 tranches de pain au levain
Quelques tranches de votre jambon préféré
2 cuillerées à soupe de fromage de chèvre
2 cuillerées à soupe de *yogourt aux mûres et aux bleuets* (voir page 67)
Légumes-feuilles et fleurs comestibles

1. Préchauffer votre gril pour panini.
2. Tartiner deux tranches de pain de fromage de chèvre, et les deux autres de *yogourt aux mûres et aux bleuets*.
3. Déposer du jambon sur les deux tartines de yogourt. Couvrir chacune d'une tranche de pain au fromage de chèvre. Placer les panini sur le gril et laisser fondre le fromage. Retourner les sandwichs une ou deux fois.
4. Une fois les sandwichs grillés, les ouvrir et ajouter vos légumes-feuilles et vos fleurs comestibles, pour leur donner un peu de fraîcheur. Servir immédiatement.

LES FLEURS COMESTIBLES

Saviez-vous que certaines fleurs sont comestibles ? En voici quelques-unes : les fleurs de courge, de capucine, de lavande, de camomille, de ciboulette, de basilic, de pissenlit, de fenouil, de citrouille et les violettes. Rappelez-vous toutefois que toutes les fleurs ne sont pas comestibles. Avant d'en manger, assurez-vous qu'elles sont exemptes de pesticides. Ajoutez ces jolies fleurs aux sandwichs et aux salades, et vous obtiendrez des plats délicieux et colorés.

Wontons au miel avec garniture exotique

12 mois et plus

DONNE 16 WONTONS OU PORTIONS

....

Agréables à manger, les wontons sont les bouchées idéales pour les petits doigts des bambins. Je considère cette recette comme un dessert parce que mes enfants raffolent de ces wontons trempés dans un peu de miel.

1 paquet (16 onces ou 454 g) de feuilles de wonton, pour 16 wontons

3 cuillerées à soupe de miel

1 tasse (250 ml) de *purée crue de mangues, de papayes et de noix de coco* (voir page 68)

3 cuillerées à soupe de pistaches hachées

1 cuillerée à soupe de graines de sésame

1. Préchauffer le four à 350 °F (180 °C).

2. Placer les feuilles de wonton sur un plan de travail, puis, au pinceau, badigeonner l'intérieur de chacune avec du miel.

3. Déposer une cuillerée à thé de *purée crue de mangues, de papayes et de noix de coco* et un peu de pistaches hachées au centre de chaque feuille.

4. Mouiller les bords des feuilles avec vos doigts trempés dans l'eau, puis les rabattre pour former un triangle.

5. Presser les bords pour les sceller.

6. Saupoudrer chaque wonton de graines de sésame.

7. Cuire au four sur une plaque à pâtisserie tapissée de papier sulfurisé environ 15 minutes ou jusqu'à ce que les wontons soient dorés.

Déjeuner d'été aux céréales froides et au yogourt

13 mois et plus

DONNE 2 À 3 TASSES (500 À 750 ML) OU 4 À 6 PORTIONS

....

Cette recette convient merveilleusement à un déjeuner ou une collation quand le temps presse. Préparer ses propres yogourts en les combinant à d'autres ingrédients les rend de loin supérieurs à ceux que nous trouvons dans les épiceries. Ceux-ci contiennent notamment trop de sucre. Les faire soi-même permet de diversifier les combinaisons en stimulant sa créativité.

1 tasse (250 g) de yogourt nature à la grecque

1½ tasse (375 ml) de *purée de fraises, de pêches, d'ananas et de grenades* (voir page 69)

1 cuillerée à thé de graines de lin moulues

½ tasse (60 g) de votre mélange de muesli préféré

1. Mélanger tous les ingrédients dans un bol en remuant délicatement, puis servir immédiatement.

REMARQUE

....

Si vous servez ce mets à votre bébé, assurez-vous de bien concasser le muesli pour éliminer les gros morceaux. Vous pouvez aussi ajouter une petite quantité d'eau purifiée si le mélange semble trop épais. Déposer en couches, comme un parfait, les ingrédients dans de petits bols ou dans des verres, et laissez vos enfants faire leur propre mélange.

Crème glacée maison aux pêches et à la menthe

12 mois et plus

DONNE 1 ½ PINTE (575 G) OU 8 PORTIONS

Qui n'aime pas la crème glacée maison, bien onctueuse? Voici un régal estival savoureux pour toute la famille. En le préparant vous-même, vous contrôlez les ingrédients. Vous pourriez faire goûter cette recette à votre bébé à l'occasion de son premier anniversaire.

Remarque: Vous aurez besoin d'une sorbetière pour préparer ce plat.

2 œufs
1 tasse (250 ml) de sirop d'agave cru
½ tasse (100 g) de sucre de canne pur
1 cuillerée à thé d'extrait de vanille
2 cuillerées à soupe de jus de citron fraîchement pressé
2 gouttes d'extrait de menthe pure
3 tasses (750 ml) de *purée pure de pêches* (voir page 70)
2 tasses (500 ml) de crème épaisse, à 15 % ou 35 %, fouettée
1 tasse (250 ml) de lait entier

1. Mélanger les œufs, le sirop d'agave, le sucre, la vanille, le jus de citron et l'extrait de menthe dans un bol moyen, puis bien battre.

2. Ajouter la *purée pure de pêches*.

3. Ajouter la crème et le lait, puis battre jusqu'à ce que le mélange soit bien homogène. Refroidir immédiatement.

4. Suivre les directives fournies avec la sorbetière pour les étapes finales.

À PROPOS DES ŒUFS

Assurez-vous que vous achetez des œufs biologiques qui proviennent de poules élevées en plein air. Mon ami Bobby possède la ferme Frog Hollow, située près de chez moi. Il m'importe d'encourager un mode d'agriculture respectant le développement durable. Chez lui, plus de 300 poules sont laissées en liberté durant le jour et gardées par des chiens de berger la nuit. Elles ne sont pas maltraitées. Leurs œufs sont incroyablement bons, et ma famille mange de gros œufs frais délicieux.

Soupe aux tomates grillées

9 mois et plus

DONNE 10 TASSES (2,5 L) OU 10 À 12 PORTIONS

J'adore la soupe aux tomates, et elle a encore meilleur goût lors d'une froide journée d'automne. J'ai longtemps peaufiné cette recette, et je crois maintenant l'avoir mise au point. Votre bébé pourra donc pleinement l'apprécier.

8 grosses tomates Beefsteak, lavées et coupées en deux

6 gousses d'ail, pelées

2 cuillerées à soupe de vinaigre de vin blanc

2 pincées de sel de mer

4 pincées de poivre

2 cuillerées à soupe de thym séché, à diviser

1 cuillerée à soupe de beurre non salé

1 gros oignon jaune, haché

4 tasses (1 l) de bouillon de légumes

2 cubes de bouillon de légumes

1 tasse (250 ml) de *purée consistante de tomates et d'ail grillés, et de bette à carde* (voir page 73)

1 pincée de flocons de piment rouge

2 citrons verts en quartiers

1. Préchauffer le four à 300 °F (150 °C ou température 2).

2. Sur une plaque de cuisson tapissée de papier sulfurisé, placer les tomates coupées en deux et l'ail, puis napper légèrement avec le vinaigre, le sel, le poivre et le thym. Faire griller au four 45 minutes.

3. Après que les tomates ont cuit 30 minutes, faire fondre le beurre dans une grande casserole puis sauter l'oignon haché jusqu'à ce qu'il ait bruni. Assaisonner de sel, de poivre et de thym.

4. Ajouter les tomates grillées et l'ail dans la casserole.

5. Ajouter le bouillon de légumes, les cubes de bouillon, la *purée consistante de tomates et d'ail grillés, et de bette à carde* et les flocons de piment rouge, puis laisser mijoter environ 5 minutes. Bien mélanger pour mêler les saveurs.

6. Avec un batteur à main ou un mélangeur, réduire en purée jusqu'à ce que la soupe ait une consistance homogène.

7. Presser le jus d'un quartier de citron vert sur la soupe avant de servir.

Biscuits américains au babeurre et à la confiture d'été

16 mois et plus

DONNE 6 À 8 BISCUITS AMÉRICAINS OU PORTIONS

Faire des confitures avec les restes de vos purées est une excellente façon de les utiliser et d'y ajouter toutes sortes de nutriments. Cette recette est amusante à préparer avec les enfants. L'agar, fait à partir d'algues de mer, constitue un fameux substitut végétarien à la gélatine. Il se procure dans les magasins d'aliments naturels ou sur Internet.

POUR LA CONFITURE :
1 tasse (250 ml) de sirop d'agave cru
½ tasse (100 g) de sucre de canne pur
Le zeste et le jus d'un gros citron
1 tasse (175 g) de fraises fraîches, hachées
2 tasses (500 ml) de *purée de fraises et de prunes* (voir page 74)
1 cuillerée à thé d'agar

POUR LES BISCUITS AMÉRICAINS :
2 tasses (250 g) de farine tout usage
1½ cuillerée à thé de poudre levante
½ cuillerée à thé de bicarbonate de soude
½ cuillerée à thé de sel de mer
¼ tasse (55 g) de beurre, coupé en petits dés
¾ tasse (175 ml) de babeurre, frais si possible

POUR FAIRE LA CONFITURE :

1. Dans une casserole, mélanger le sirop d'agave, le sucre, le zeste et le jus de citron, puis chauffer jusqu'à ce que le tout homogène.

2. Ajouter les fraises fraîches et la *purée de fraises et de prunes*, puis laisser mijoter environ 3 minutes. Incorporer l'agar.

3. Laisser la confiture épaissir pendant 2 autres minutes, puis la verser dans des bocaux en verre et sceller avec des couvercles hermétiques.

POUR FAIRE LES BISCUITS AMÉRICAINS :

1. Préchauffer le four à 500 °F (250 °C ou température 9).

2. Dans un bol moyen, passer au mélangeur la farine, la poudre levante, le bicarbonate de soude et le sel.

3. Avec un mélangeur muni d'un crochet pétrisseur, couper le beurre dans la pâte pour obtenir un mélange grumeleux. Incorporer le babeurre et former une boule avec la pâte.

4. Sur un plan de travail fariné, pétrir la pâte jusqu'à ce qu'elle soit bien mélangée. Abaisser-la à environ ¾ pouce (2 cm) d'épaisseur et utiliser un emporte-pièce ou un verre pour découper les biscuits américains.

5. Au pinceau, badigeonner le dessus des biscuits américains de beurre fondu et les placer au centre de la plaque à pâtisserie, avec les bords se touchant. Cuire au four de 8 à 10 minutes ou jusqu'à ce qu'ils soient dorés.

Chaussons aux fraises avec crème fouettée au citron et coulis de figues

18 mois et plus

DONNE 8 À 10 PORTIONS

....

J'aime ce genre de pâtisseries légères et feuilletées, et nappées de cette garniture divine, encore davantage. Cette délicieuse recette peut sembler élaborée, mais elle est facile et rapide à concocter.

6 figues fraîches

¼ tasse (85 g) de sirop d'agave cru

2 tasses (500 ml) de crème épaisse fouettée

Le jus d'un citron

3 cuillerées à soupe de miel

1 pâte feuilletée, refroidie, non congelée

1 tasse (250 ml) de *purée de fraises, de figues et de bananes* (voir page 77)

1. Préchauffer le four à 350 °F (180 °C ou température 4). Couvrir une plaque à pâtisserie de papier sulfurisé.

2. Pour le coulis de figues : dans une petite casserole, mélanger les figues et le sirop d'agave, puis chauffer à feu moyen tout en remuant pour défaire les figues. Après 6 à 8 minutes de cuisson lente, les écraser, puis les réduire en purée lisse dans le mélangeur. Réserver dans un bol en verre.

3. Pour la crème fouettée : avec un mélangeur ou un batteur à main, verser la crème épaisse dans un bol en ajoutant le jus de citron et le miel. Mélanger de 4 à 5 minutes jusqu'à obtenir une crème gonflée. Réfrigérer jusqu'à ce que la pâte feuilletée soit sortie du four.

4. Sur un plan de travail fariné, étaler la pâte feuilletée en un cercle grossier d'environ ¼ pouce (6 mm) d'épaisseur. Façonner une bordure sur tous les côtés en roulant un peu de pâte. Avec une fourchette, piquer au centre de la pâte deux ou trois fois. Déplacer la pâte sur une plaque à pâtisserie tapissée de papier sulfurisé.

5. Étendre la *purée de fraises, de figues et de bananes* sur la pâte feuilletée. Replier et fermer les bords pour former un triangle.

6. Cuire au four de 15 à 18 minutes jusqu'à ce que la pâtisserie soit gonflée et légèrement dorée.

7. Servir avec de la crème fouettée refroidie et du coulis de figues chaud.

Pizza de pain plat au pesto et aux légumes d'été

18 mois et plus

DONNE 4 PORTIONS POUR ADULTE OU 6 PORTIONS POUR ENFANT

Cette pizza créera une dépendance. Facile à préparer, elle constitue une excellente façon d'utiliser vos restes de pesto. Le basilic possède beaucoup de propriétés antibactériennes, et son goût particulier apporte une variante surprenante à ce plat classique. Les piments forts au goût sucré se trouvent près de la section des marinades.

3 tranches de pain plat à l'ail

2 tasses (500 ml) de *purée au pesto, aux épinards, au basilic et au germe de blé* (voir page 78)

2 tomates anciennes (Heirloom), tranchées finement, à diviser

1 petit poivron vert, tranché finement, à diviser

1 tasse (150 g) de piments forts au goût sucré, hachés, à diviser

1 petit oignon rouge, tranché finement, à diviser

1 cuillerée à thé d'origan séché

2 tasses (230 g) de mozzarella fraîche râpée, à diviser

1 cuillerée à soupe d'huile d'olive

1. Préchauffer le four à 425 °F (220 °C ou température 7).

2. Placer les pains plats sur une pierre à pizza ou une plaque à pâtisserie, puis cuire au four sans aucune garniture pendant 5 minutes.

3. Sortir les pains plats du four et les tartiner de *purée au pesto, aux épinards, au basilic et au germe de blé*.

4. Diviser les tomates, le poivron vert, les piments, l'oignon rouge, l'origan et le fromage sur les 3 pains plats. Napper les pizzas d'un filet d'huile d'olive.

5. Cuire les pains plats au four de 10 à 12 minutes de plus, jusqu'à ce que le fromage ait fondu et légèrement bruni.

Quesadillas de blé entier aux haricots noirs

18 mois et plus

DONNE 4 PORTIONS POUR ADULTE OU 6 PORTIONS POUR ENFANT

Voici un plat amusant et extrêmement facile à préparer. Il nécessite une grande quantité de haricots, bons pour la santé, et sa préparation vous demandera moins de 10 minutes. Vous pouvez utiliser votre fromage préféré au lieu du feta, ainsi que vos restes de légumes.

6 tortillas de blé entier
2 tasses (500 ml) de *haricots noirs, courgettes et feta à la mijoteuse* (voir page 81)
1 tasse (150 g) de feta
1 cuillerée d'huile d'olive

1. Couvrir une tortilla nature de *haricots noirs, courgettes et feta à la mijoteuse*. Ajouter un tout petit peu de feta et couvrir le tout d'une autre tortilla.

2. Répéter avec le reste des tortillas.

3. Chauffer un peu d'huile d'olive à feu moyen dans un poêlon.

4. Placer délicatement la quesadilla assemblée dans le poêlon.

5. Retourner deux fois et cuire environ 4 minutes, jusqu'à ce que le fromage fonde et que la texture de la quesadilla soit légèrement croustillante.

6. Couper en triangles et servir chaud.

Soupe aux crevettes à la noix de coco

14 mois et plus

DONNE 4 TASSES OU 4 PORTIONS

....

Voici une délicieuse soupe thaïe dont tout le monde raffolera. Vous devez absolument l'essayer !

2 boîtes (14 onces ou 425 ml chacune) de lait de coco, à diviser
1½ lb (700 g) de grosses crevettes crues, décortiquées, déveinées et lavées à l'eau froide
¼ cuillerée à thé de sel de mer
¼ cuillerée à thé de poivre
½ tasse (8 g) de coriandre fraîche, émincée, à diviser
2 cuillerées à thé de gingembre fraîchement moulu ou émincé
2 cuillerées à thé de sriracha (sauce piquante thaïe)
2 cuillerées à soupe de sauce de poisson
2 gousses d'ail, hachées très finement
1 tasse (250 ml) de *repas consistant au riz thaï au lait de coco* (voir page 82)
Le jus d'un citron
1 cuillerée à soupe de beurre non salé
½ tasse (20 g) de feuilles fraîches de basilic, coupées en languettes

1. Dans un grand poêlon, verser ½ tasse (125 ml) le lait de coco et y déposer les crevettes pour les faire mariner. Assaisonner les deux côtés des crevettes de sel et de poivre, puis ajouter la moitié de la coriandre hachée.

2. Laisser les crevettes mariner dans le mélange et préparer la soupe.

3. Dans une grosse casserole, verser le reste du lait de coco. Ajouter le gingembre, remuer et porter à ébullition. Assaisonner de sel et de poivre.

4. Ajouter le sriracha, la sauce de poisson et les gousses d'ail, puis bien remuer.

5. Ajouter le *repas consistant au riz thaï au lait de coco*.

6. Laisser mijoter à feu doux.

7. Placer les crevettes marinées dans un poêlon à griller ou sur un gril électrique chaud (jeter la marinade de lait de coco). S'assurer que des feuilles de coriandre se sont déposées sur chaque morceau. Pendant que les crevettes grillent, ajouter un peu de beurre et de jus de citron sur chaque morceau. Tourner après 2 ou 3 minutes. Les crevettes cuisent rapidement, environ 3 minutes de chaque côté, selon leur grosseur.

8. Retirer la soupe du feu et y déposer les crevettes grillées.

9. Verser dans des bols et garnir de basilic frais et du reste de la coriandre.

Ratatouille de maman et papa

14 mois et plus

DONNE 3 TASSES (750 ML) OU 4 À 6 PORTIONS

....

Accompagné d'un bon riz brun, ce plat deviendra un classique dans votre foyer. Il se fait en un rien de temps quand vous êtes prise au dépourvu. Vous pouvez remplacer les légumes dans la recette avec ce que vous avez au réfrigérateur, ce qui vous évitera un petit aller-retour au marché.

3 tasses (750 ml) de *ratatouille* **(voir page 83), prélevées avant d'utiliser le mélangeur, si possible**
2 cuillerées à soupe de concentré de protéines liquides
1 cuillerée à soupe d'huile de graines de sésame grillées
¼ cuillerée à thé de sel de mer
¼ cuillerée à thé de poivre
1 cuillerée à soupe de sauce soya faible en sodium

1. Dans un wok ou une grande sauteuse, mélanger la *ratatouille* avec tous les autres ingrédients.
2. Faire sauter à feu moyen jusqu'à ce que les saveurs soient bien mélangées.
3. Servir chaud accompagné de riz brun.

Hamburger à la dinde sur barbecue

15 mois et plus

DONNE 8 À 10 HAMBURGERS OU PORTIONS

....

Lors de vos barbecues, servez ces légers hamburgers à la dinde. Délicieux et bons pour la santé, leur valeur nutritive s'élève encore d'un cran avec l'ajout de la purée. Garnissez-les de légumes-feuilles frais, de fromage havarti, de tranches de tomates anciennes et d'oignon rouge, puis nappez-les de votre sauce préférée. Vous disposez là d'un repas d'été fantastique.

3 lb (1,5 kg) de dinde hachée
¼ tasse (30 g) de chapelure japonaise panko
1 tasse (250 ml) de *purée d'épinards, de bette à carde, de brocoli, de baies de goji et de bananes* (voir page 84)
½ tasse (85 g) de haricots noirs entiers biologiques (ou en boîte)
2 œufs, légèrement battus
1 gousse d'ail, pelée et émincée
1 cuillerée à thé de sel de mer
1 cuillerée à thé de poivre noir moulu
Vos pains hamburger préférés

1. Dans un grand bol, mélanger la dinde hachée, la chapelure, la *purée d'épinards, de bette à carde, de brocoli, de baies de goji et de bananes*, les haricots noirs, les œufs, l'ail, le sel et le poivre. Former 10 à 12 croquettes.
2. Dans un poêlon, cuire les croquettes à feu moyen en les retournant une ou deux fois sur chaque côté, après environ 4 minutes, jusqu'à ce qu'elles aient bruni.
3. Laisser les membres de la famille assembler et garnir leur hamburger selon leurs goûts.

Gâteau nourrissant au gruau et aux petits fruits

15 mois et plus

DONNE 6 PORTIONS

....

Cette recette est facile, rapide et savoureuse.

½ tasse (112 g) de beurre non salé, ramolli
¾ tasse (170 g) de cassonade, bien tassée
½ tasse (170 g) de sirop d'agave cru
2 œufs
1 tasse (250 ml) de *gruau à l'avoine épointée et aux petits fruits à la mijoteuse* (voir page 86)
1 cuillerée à thé d'extrait de vanille
1 cuillerée à thé de bicarbonate de soude
½ cuillerée à thé de sel de mer
1 cuillerée à thé de cannelle moulue
1 cuillerée à thé de graines de lin moulues
1 ½ tasse (187 g) de farine tout usage
½ tasse (75 g) de raisins secs
Petits fruits frais

1. Préchauffer le four à 350 °F (180 °C ou température 4). Graisser légèrement un moule de 13 x 15 pouces (33 x 38 cm).

2. Avec un batteur à main ou une cuillère en bois, mélanger le beurre, la cassonade et le sirop d'agave. Battre les œufs en les incorporant un à la fois avec un batteur à main ou une fourchette. Ajouter le *gruau à l'avoine épointée et aux petits fruits à la mijoteuse* et la vanille, en mélangeant bien.

3. Dans un autre bol, mélanger le bicarbonate de soude, le sel de mer, la cannelle, les graines de lin et la farine.

4. Ajouter les raisins secs au mélange de farine.

5. Ajouter le mélange d'avoine, puis remuer. Verser la pâte dans le moule déjà préparé.

6. Cuire de 20 à 25 minutes.

7. Garnir de petits fruits frais, au goût.

Pizza pour les amis et la famille

16 mois et plus

DONNE 6 À 8 PORTIONS

....

Quelle idée merveilleuse pour vous détendre, un soir d'été, que de réunir la famille et les amis afin de confectionner des pizzas à l'occasion d'un pique-nique !

½ cuillerée à soupe de beurre non salé
1 oignon rouge, tranché en grosses rondelles fines
1 gousse d'ail, émincée
2 paquets de pâte à pizza du commerce, biologique
1 tasse (250 ml) de *purée de soirée pizza* (voir page 87)
1 tasse (150 g) de tomates en grappe, coupées en deux, à diviser
1 tasse (300 g) de cœurs d'artichaut en boîte, hachés, à diviser
2 tasses (225 g) de mozzarella râpée, à diviser
1 tasse (150 g) de fromage de chèvre, émietté, à diviser
1 cuillerée à thé d'origan frais, haché, à diviser
1 ½ tasse (60 g) de basilic frais, haché, à diviser

1. Préchauffer le four à 425 °F (220 °C ou température 7).

2. Dans une sauteuse, à feu moyen, faire fondre le beurre non salé. Ajouter l'oignon rouge et l'ail, puis faire sauter jusqu'à ce que ce soit bruni et caramélisé.

3. Sur un plan de travail fariné, étaler la pâte au rouleau pour obtenir une feuille mince. Placer la pâte sur une plaque à pâtisserie ronde.

4. Étaler la *purée de soirée pizza* sur la pâte. Diviser également l'oignon rouge, l'ail, les tomates en grappe, les cœurs d'artichaut, la mozzarella, le fromage de chèvre, l'origan et le basilic frais sur la pizza.

5. Cuire au four de 12 à 15 minutes.

Croquettes de crabe épicées

15 mois et plus

DONNE 8 À 10 CROQUETTES OU PORTIONS

....

Essayez ces croquettes avec votre aïoli préféré ou encore avec une sauce tartare traditionnelle et du citron.

1 tasse (110 g) de chapelure japonaise, à diviser
1 gros œuf, légèrement battu
2 cuillerées à soupe de lait
1 cuillerée à thé de sauce Worcestershire
2 cuillerées à thé de moutarde épicée
½ cuillerée à thé d'assaisonnement Old Bay
1 cuillerée à thé de sauce piquante
2 oignons verts, coupés en petits dés
2 cuillerées à soupe de jus de citron
2 cuillerées à soupe de zeste de citron
1 cuillerée à thé de sel de mer
1 cuillerée à thé de poivre
¾ lb (340 g) de morceaux de crabe, triés
½ tasse (125 ml) de *repas consistant au crabe, au citron et aux poivrons* (voir page 88)
1 ½ cuillerée à soupe d'huile de noix de coco

1. Dans un petit bol à mélanger, verser ½ tasse de chapelure japonaise, l'œuf et le lait, puis battre ensemble avec un fouet. Ajouter le reste des ingrédients, sauf l'huile de noix de coco et la demi-tasse de chapelure restante.

2. Former 8 à 10 croquettes, selon la grosseur désirée, en gardant en tête que les petites croquettes de crabe sont plus pratiques pour les mains de bébé. Réfrigérer environ 20 minutes, jusqu'à ce que ce soit ferme.

3. Enrober les croquettes du reste de chapelure.

4. Chauffer l'huile de noix de coco dans une sauteuse, à feu moyen. Cuire les croquettes de 3 à 4 minutes de chaque côté, jusqu'à ce qu'elles soient croustillantes et dorées. Servir chaud.

Biscuits américains à la nectarine pour la dentition

12 mois et plus

DONNE 12 À 15 BISCUITS

....

Les biscuits américains pour la dentition sont formidables quand votre bébé commence à percer ses premières dents. Vous pouvez, bien entendu, les donner à vos enfants plus âgés. Autre avantage : vous n'aurez plus à les acheter tout faits à l'épicerie.

1 œuf, battu
½ tasse (125 ml) de *purée de nectarines* (voir page 89)
2 cuillerées à soupe de sirop d'agave cru
¾ tasse (100 g) de farine de blé entier
1 ½ cuillerée à soupe de lait écrémé en poudre
1 cuillerée à soupe de farine de noix de coco
1 cuillerée à soupe de graines de lin moulues
1 cuillerée à soupe de graines de chia

1. Préchauffer le four à 350 °F (180 °C ou température 4).

2. Dans un bol moyen, mélanger l'œuf, la *purée de nectarines* et le sirop d'agave.

3. Dans un autre bol, mélanger la farine de blé entier, le lait en poudre, la farine de noix de coco, les graines de lin et les graines de chia.

4. Incorporer le mélange de purée aux ingrédients secs jusqu'à ce qu'une pâte lisse se forme.

5. Sur un plan de travail légèrement fariné, abaisser la pâte avec un rouleau à ¼ pouce (6 mm) d'épaisseur.

6. Couper selon la forme désirée et placer sur une plaque à pâtisserie tapissée de papier sulfurisé.

7. Cuire 15 minutes, jusqu'à ce que la pâte soit ferme.

8. Laisser refroidir, puis entreposer dans un contenant hermétique à la température ambiante.

purées d'automne

Voici l'automne avec ses feuilles dorées, rougeâtres et orangées. Les vents frisquets nous forcent à nous emmitoufler. Les bébés qui se mettent à marcher trébuchent dans les tas de feuilles, et les enfants jouent pour les dernières fois sur la balançoire suspendue à une grosse branche. L'air est frais, et les produits de la dernière récolte de la saison renforcent notre système immunitaire. Courges, citrouilles, grenades, pommes croquantes et canneberges au goût aigre, toutes joueront un rôle important en fournissant à notre corps les nutriments dont il aura besoin. Si votre bébé commence à manger ses premiers aliments durant cette saison, il sera choyé par les saveurs de l'automne. Cette nourriture, facile à digérer, est délicieuse et possède un goût naturellement sucré. L'automne nous comble avec la récolte de ce que nous avons semé et fait fructifier, à la fois dans nos vies et dans le sol. C'est le moment de se rassembler, avec ceux que nous aimons, dans un esprit de communauté et de gratitude.

L'importance de la communauté

La nourriture réunit les gens autour d'activités diverses, et vos enfants, en grandissant, peuvent jouer un rôle dans ce partage, autant entre eux qu'avec les membres de votre entourage. Nous éduquons et protégeons nos enfants, mais nous avons aussi besoin de notre communauté pour nous aider à peaufiner leur développement et à leur offrir une vision plus large du monde qui les entoure.

Développer le sens de la communauté avec notre famille

Nous pouvons considérer notre famille comme une petite communauté où tout le monde doit mettre la main à la pâte. Cela enseigne à nos enfants l'importance du partage. Permettez à vos enfants plus âgés de prendre certaines responsabilités afin d'aider les plus jeunes. Par exemple, je permets à ma fille Lotus de s'occuper de mon petit River. Il s'amuse, et elle se sent très fière d'avoir apporté son aide. Je m'attends aussi à ce que tous mes enfants desservent la table après le repas. Même un bébé de 18 mois est capable de le faire.

Réunir la communauté autour de l'échange de nourriture

Organiser un système de troc de nourriture est un moyen simple de réunir les gens d'une même communauté. Cela permet de se procurer des plats cuisinés maison réalisés à partir d'aliments frais sans échanger d'argent. Les personnes intéressées se rassemblent dans une maison, un centre communautaire, une église ou une école, et échangent les délices culinaires qu'ils ont préparés. Les règles à respecter sont : cette nourriture doit provenir du potager, être cuisinée maison ou être cueillie à la main, puis doit être emballée dans des contenants réutilisables. Vos mets préférés servent donc de monnaie d'échange pour les aliments et plats que vous souhaitez vous procurer. Les personnes qui participent à ces échanges aiment bien manger, ont un potager,

cuisinent leurs propres plats avec des aliments biologiques. Elles proposent des créations culinaires originales dans le cadre d'échanges amicaux et agréables.

J'ai organisé récemment un tel échange chez moi. J'ai reçu 25 personnes. Les mets suivants ont été échangés : œufs de canard frais, vodka maison infusée au raifort, eau gazéifiée fraîchement infusée de raisins Concord, beurre de patates douces à l'érable, beurre d'ail grillé, muesli maison, pommes au caramel et au sel de mer, sirop de baies de sureau, confitures, tartinades, pains, ail frais mariné, farines fraîchement moulues, citronnelle et lait de noix de cajou.

Échanger des aliments pour bébés entre nouvelles mamans est une formidable initiative. Voici un exemple d'organisation : chaque maman s'engage à préparer 10 pots d'une purée dont la recette se trouve dans ce livre. L'hôtesse invite au moins 10 mamans avec leurs bébés. Tout en échangeant des pots, elles se font des amies et permettent aux bébés de socialiser. À la fin de la rencontre, elles repartent avec 10 délicieuses variétés de purées cuisinées maison, prêtes à manger, pour bébés. Il s'agit là d'une activité facile et amusante qui représente une façon économique d'offrir à votre bébé des aliments biologiques frais provenant de votre localité.

Décoder les signaux du bébé

Vous vous rendrez peut-être compte, à un moment ou à un autre, que votre bébé mange des quantités de plus en plus importantes de vos purées, puis qu'il se met soudain à toutes les refuser. C'est un signe : votre tout-petit est prêt à manger des repas plus consistants. Personne ne peut dire exactement quand ce moment survient, d'où l'importance de rester attentive à ses modifications de comportement. Dès lors qu'il est capable d'accepter de petites bouchées plus résistantes, il est prêt à manger de la nourriture solide.

Gardez à l'esprit que certains bébés préfèrent longtemps s'en tenir aux purées. Si c'est le cas de votre enfant, il n'y a pas lieu de s'inquiéter. Il aimera les repas solides plus tard. Son apprentissage est simplement un peu plus long. Ma fille Lotus a commencé à manger des aliments solides seulement vers l'âge de 11 mois. Elle n'était pas intéressée. Puis, un jour, elle s'y est mise. Elle a maintenant sept ans et goûte à tout.

Je vous rappelle qu'il ne faut jamais paniquer devant la nourriture. Reconsidérez votre rapport à l'alimentation afin de nourrir votre bébé en tenant compte de son rythme et de l'étape de développement de son palais. Les bébés décodent nos humeurs, et peuvent percevoir notre inquiétude. Cela tend à rendre tout le processus du repas peu agréable. Chaque bébé est unique, tout comme les adultes sont différents les uns des autres. Nous ne pouvons affirmer qu'une façon de faire fonctionnera pour tous. Je peux vous offrir des conseils, mais ce ne sont pas des vérités absolues. La seule manière d'être certaine que vous répondez aux besoins spécifiques de votre bébé est de rester très attentive à ses signaux.

Purée de pommes, de courge et de raisins secs

7 mois et plus

DONNE 3 TASSES (750 ML) OU 10 PORTIONS

RECETTE DEUX EN UNE : **MINIMUFFINS AUX POMMES, À LA COURGE ET AUX ÉPICES,** PAGE 130

Les pommes et la courge musquée sont merveilleuses comme premiers aliments pour votre bébé. Faciles à digérer et riches en vitamines A et C, elles offrent une combinaison de saveurs sucrées que les bébés adorent. Les raisins secs ajoutent à cette recette une petite touche spéciale et un apport supplémentaire en fibres.

3 pommes Fuji
½ courge musquée
¼ tasse (35 g) de raisins secs

1. Peler les pommes, les évider, puis les couper en morceaux de 1 pouce (2,5 cm).

2. Peler et couper la courge musquée en dés de 1 pouce (2,5 cm).

3. Cuire ensemble les pommes et la courge musquée à la vapeur de 10 à 12 minutes ou jusqu'à ce qu'elles soient tendres. Ajouter les raisins secs et cuire à la vapeur 2 minutes de plus. Réserver l'eau de cuisson.

4. Réduire en purée lisse les pommes, la courge musquée et les raisins secs dans un robot culinaire avec ½ tasse (125 ml) de l'eau de cuisson. Ajouter plus d'eau au besoin pour obtenir la consistance souhaitée.

Repas consistant aux lentilles rouges et à l'oignon

9 mois et plus

DONNE 4 TASSES (1 L), OU 10 PORTIONS POUR BÉBÉ

RECETTE DEUX EN UNE : **SOUPE ÉPICÉE AUX LENTILLES ROUGES,** PAGE 131

Les lentilles regorgent de fibres et sont délicieuses. Personnellement, j'aime leur polyvalence et la façon dont ces protéines formidables peuvent être utilisées dans une multitude de repas différents. Leur goût unique stimulera le palais de votre bébé. Cette recette nécessite une mijoteuse. Si vous la préparez avant d'aller dormir, vous vous réveillerez le matin avec l'odeur d'un savoureux plat aux lentilles. Aucune autre préparation ne sera requise.

2 tasses (384 g) de lentilles rouges, crues
6 tasses (1,5 l) de bouillon de légumes
1 petit oignon, haché
3 gousses d'ail, hachées
1 cuillerée à thé de gingembre fraîchement râpé
1 cuillerée à thé de thym frais

1. Dans une mijoteuse, verser tous les ingrédients et bien mélanger.
2. Cuire à feu doux de 6 à 8 heures, jusqu'à ce que le mélange ait une texture crémeuse.
3. Servir chaud.

Purée de courge musquée

6 mois et plus

DONNE 4 À 5 TASSES (1 À 1,25 L) OU 12 À 15 PORTIONS POUR BÉBÉ

RECETTE DEUX EN UNE : **MACARONI AU FROMAGE ET À LA COURGE MUSQUÉE**, PAGE 132

....

La courge musquée est un légume au goût de beurre. Facile à digérer et riche en vitamine C, elle est parfaite comme premier aliment pour votre bébé. Une seule courge donne beaucoup de purée ; vous disposerez donc de restes que vous pourrez ajouter à vos recettes de biscuits, de pains, ainsi qu'à votre macaroni au fromage.

1 courge musquée, coupée en deux

1. Préchauffer le four à 350 °F (180 °C ou température 4).
2. Couper la courge musquée en deux et enlever les graines.
3. Sur une plaque à pâtisserie tapissée de papier sulfurisé, poser les moitiés de courge musquée, face vers le bas. Cuire pendant 40 minutes ou jusqu'à ce qu'elles soient tendres.
4. Avec une cuillère, prélever la chair de la courge musquée et la mettre dans un mélangeur avec ½ tasse (125 ml) d'eau.
5. Ajouter plus d'eau, au besoin, afin d'obtenir la consistance souhaitée.

purées d'automne

Purée de citrouille et de framboises

8 mois et plus

DONNE 4 OU 5 TASSES (1 À 1,25 L) OU 12 À 15 PORTIONS POUR BÉBÉ

RECETTE DEUX EN UNE: **CRÊPES DE CÉRÉALES DE GRAINS ENTIERS À LA CITROUILLE,** PAGE 133

....

La citrouille est riche en vitamine A et en fibres. Elle se prête à une grande variété de recettes durant l'automne. La plus populaire est, bien entendu, la tarte à la citrouille. Voici une purée pour bébé, excellente en raison de son goût de noisette et de sa grande valeur nutritive. Les restes peuvent être ajoutés à des crêpes qui feront la joie de tous.

1 petite citrouille à tarte
1 cuillerée à thé d'huile d'olive
½ tasse (125 ml) d'eau
1 tasse (125 g) de framboises fraîches
1 banane

1. Préchauffer le four à 350 °F (180 °C ou température 4).
2. Couper la citrouille en deux et enlever les graines avec une cuillère. Badigeonner la chair de la citrouille d'huile d'olive.
3. Sur une plaque à pâtisserie tapissée de papier sulfurisé, placer les moitiés de citrouille, la face vers le bas. Cuire pendant 40 minutes ou jusqu'à ce qu'elles soient tendres.
4. Avec une cuillère, prélever la chair de la citrouille et la mettre au mélangeur avec les framboises et ½ tasse (125 ml) d'eau.
5. Ajouter la banane dans le mélangeur et réduire en purée lisse.
6. Ajouter de l'eau, au besoin, afin d'obtenir la consistance souhaitée.

REMARQUE

....

N'oubliez pas de conserver les graines de citrouille pour les faire griller.

Purée de canneberges, d'abricots et de cerises aigres

8 mois et plus

DONNE 2 TASSES (500 ML) OU 4 PORTIONS POUR BÉBÉ

RECETTE DEUX EN UNE : **TARTELETTES FOURRÉES AUX FRUITS SUR BÂTONNET,** PAGE 134

....

L'aîné de mes fils et moi aimons les saveurs aigres. Je pense que c'est héréditaire. Je trouve intéressant de constater que mes autres enfants ont des préférences différentes. Cette purée en particulier est parfaite comme garniture pour les tartelettes sur bâtonnet, et elle est fantastique avec du yogourt nature. Vous obtiendrez ainsi un déjeuner à la fois crémeux et aigre-doux.

1 tasse (100 g) de canneberges fraîches

3 abricots, hachés

1 tasse (155 g) de cerises aigres fraîches ou congelées, dénoyautées et hachées

1. Cuire ensemble les canneberges, les abricots et les cerises aigres à la vapeur, de 5 à 7 minutes, jusqu'à ce que le tout soit tendre.
2. Réserver l'eau de cuisson.
3. Passer au mélangeur et réduire en purée lisse. Ajouter 1 cuillerée à thé d'eau de cuisson à la fois, au besoin, afin d'obtenir la consistance souhaitée.

REMARQUE

....

Si vous préférez la purée un peu moins acidulée, substituez aux cerises aigres des cerises sucrées, et garnissez le dessus de quelques moitiés de cerise, si votre bébé peut en manger.

purées d'automne

Purée de courge poivrée et de courge musquée

7 mois et plus

DONNE 4 À 5 TASSES (1 À 1,25 L) OU 10 PORTIONS POUR BÉBÉ

RECETTE DEUX EN UNE : **HACHIS PARMENTIER,** PAGE 135

La saison des courges est toujours un moment exceptionnel de l'année, surtout pour l'alimentation de bébé. Les courges sont savoureuses et faciles à digérer. Une courge donne beaucoup de purée qui peut être utilisée dans d'autres recettes. **Remarque :** Essayez de conserver les pelures intactes pour y verser le hachis parmentier. C'est une façon amusante de servir ce repas.

1 courge poivrée
1 courge musquée

1. Préchauffer le four à 350 °F (180 °C ou température 4).
2. Couper les courges en deux et enlever les graines avec une cuillère.
3. Sur une plaque à pâtisserie tapissée de papier sulfurisé, placer les moitiés des courges, face vers le bas, et cuire pendant 40 minutes ou jusqu'à ce qu'elles soient tendres.
4. Avec une cuillère, prélever la chair des courges et la mettre dans un mélangeur avec ½ tasse (125 ml) d'eau.
5. Ajouter davantage d'eau, au besoin, afin d'obtenir la consistance souhaitée.

Pourquoi manger des aliments de saison ?

Manger des aliments de saison prépare votre corps à rester en bonne santé. Mère Nature travaille en symbiose avec nous, pourvu que nous soyons à son écoute. Notre corps a besoin de certains nutriments à différents moments de l'année. Manger de cette façon prend tout son sens lorsqu'on se met à table. Le cycle des saisons gagne ainsi notre respect, et nous honorons un peu plus notre Terre.

Par exemple, quand il fait chaud durant l'été, notre corps perd de l'eau. Quel est le délice estival le plus recherché ? La pastèque bien froide ! Ce fruit d'été, qui contient presque uniquement de l'eau, réapprovisionne naturellement notre organisme en eau. Durant l'automne et l'hiver, nous avons tendance à attraper des rhumes et des grippes. Notre organisme a alors besoin de plus d'aliments antioxydants, comme les grenades et les courges, pour renforcer notre système immunitaire.

Repas consistant au quinoa et aux tomates séchées

11 mois et plus

DONNE 3 TASSES (750 ML) OU 6 PORTIONS POUR BÉBÉ

RECETTE DEUX EN UNE : **PIZZA AU PAIN PLAT, AUX TOMATES SÉCHÉES ET AU FETA,** PAGE 136

....

Le quinoa est une pseudo-céréale et un des aliments les plus nutritifs sur le marché. Il est riche en protéines, et son goût de noisette est délicieux. Ce que j'aime du quinoa, c'est qu'il peut s'adapter à la perfection à des recettes salées ou sucrées. Je fais même des sucettes glacées au quinoa, dont les bébés raffolent !

2 tasses (350 g) de quinoa, cru

2 tasses (500 ml) d'eau

2 tasses (500 ml) de bouillon de légumes

1 grosse gousse d'ail, émincée

1 tasse (145 g) de tomates séchées, hachées

4 feuilles de basilic frais, hachées en petits morceaux

1. Dans une casserole moyenne, verser le quinoa, l'eau et le bouillon de légumes, puis porter à ébullition. Réduire à feu doux et laisser cuire de 10 à 12 minutes, jusqu'à ce que se déroule le germe en spirale de chaque grain.

2. Pendant que le quinoa cuit, placer dans un poêlon moyen l'ail, les tomates séchées et le basilic. Faire sauter jusqu'à ce que l'ail ait bruni et que les saveurs se soient mélangées, soit environ 5 minutes.

3. Intégrer le mélange de tomates séchées au quinoa, puis servir chaud.

purées d'automne

Purée de maïs, de pommes de terre et de carottes

6 mois et plus

DONNE 4 TASSES (1 L) OU 8 PORTIONS POUR BÉBÉ

RECETTE DEUX EN UNE : **TAMALES AU MAÏS SUCRE**, PAGE 137

Cette purée au goût simple est idéale pour un bébé qui commence à manger de la nourriture solide. Si vous préparez ce plat avec du maïs fraîchement cueilli, vous pourrez profiter de tout le bon goût sucré que nous offre mère Nature. Cette recette était la préférée de mes enfants quand ils étaient bébés.

4 pommes de terre Yellow Finn, pelées et coupées en dés
4 épis de maïs frais, épluchés, les grains enlevés de l'épi
2 carottes, pelées et hachées

1. Placer les pommes de terre et le maïs dans une grande casserole remplie d'eau et porter à ébullition.
2. Laisser bouillir les pommes de terre et le maïs jusqu'à ce qu'ils soient tendres, soit environ 12 minutes.
3. Pendant que le maïs et les pommes de terre mijotent, cuire les carottes à la vapeur environ 10 minutes, jusqu'à ce qu'elles soient tendres.
4. Verser les carottes et le mélange de pommes de terre et de maïs dans un mélangeur, avec un peu de leur eau de cuisson ou de celle des carottes. Actionner le mélangeur jusqu'à obtenir la consistance souhaitée.

purées d'automne

Purée de patates douces et de bananes

6 mois et plus

DONNE 4 TASSES (1 L) OU 12 PORTIONS POUR BÉBÉ

RECETTE DEUX EN UNE : **POUDING AU RIZ SANTÉ**, PAGE 138

....

Cette combinaison, idéale comme premier repas pour votre bébé, est facile à digérer.

1 patate douce, pelée et coupée en dés
2 bananes, pelées et tranchées

1. Cuire la patate douce à la vapeur environ 10 minutes ou jusqu'à ce qu'elle soit tendre. Réserver l'eau de cuisson.

2. Réduire la patate douce avec les bananes en purée lisse dans un robot culinaire, avec ½ tasse (125 ml) d'eau réservés. Ajouter davantage d'eau, au besoin, afin d'obtenir la consistance souhaitée.

Un potager pour les aliments de bébé

Rien de tel que de cueillir ses fruits et légumes dans son propre potager. Avec une bonne organisation, votre jardin pourra produire les aliments que vous utiliserez pour nourrir votre bébé. Ils auront ainsi une forte valeur nutritive, puisque vous les cueillez frais et les faites cuire immédiatement. Vous pouvez planter, entre autres, des patates douces, des oignons, des courges, des petits fruits, des fines herbes, des haricots, des pois, des tomates et des carottes.

Purée de kakis, de petits fruits et de menthe

10 mois et plus

DONNE 3 TASSES (750 ML) OU 5 PORTIONS POUR BÉBÉ

RECETTE DEUX EN UNE : **SOUFFLÉS AUX KAKIS,** PAGE 138

....

J'aime les kakis, et votre bébé adorera cette purée. Les kakis sont si beaux avec leur peau orange. Ils sont la combinaison parfaite de l'aigre et du sucré. Ressemblant un peu à des tomates, ils sont riches en vitamine C et constituent une excellente source de fibres. J'aime aussi utiliser ce fruit dans une salade d'automne, avec de la menthe, des fraises et un peu de jus de citron. Délicieux !

3 kakis, pelés et hachés

2 tasses (350 g) de fraises ou de framboises, hachées

¼ tasse (24 g) de menthe fraîche, hachée

1. Cuire les kakis à la vapeur 8 minutes, jusqu'à ce qu'ils soient tendres. Ajouter les fraises et cuire à la vapeur 2 minutes de plus. Réserver l'eau de cuisson.

2. Réduire en purée lisse le mélange, en y ajoutant la menthe. Ajouter 1 cuillerée à thé d'eau de cuisson à la fois, au besoin, afin d'obtenir la consistance souhaitée.

REMARQUE

....

Les deux variétés les plus communes de kaki sont les kakis hachiya et les kakis fuyu. Les hachiyas sont plus gros et ne doivent pas être consommés avant d'être très mûrs (doux au toucher, presque mous). Les fuyus sont plus petits, et leur forme rappelle celle de la tomate. Vous pouvez les manger quand ils sont encore un peu fermes.

purées d'automne

Purée savoureuse de carottes

10 mois et plus

DONNE 3 TASSES (750 ML) OU 10 PORTIONS POUR BÉBÉ

RECETTE DEUX EN UNE : **POTAGE AUX CAROTTES GRILLÉES,** PAGE 139

....

Les carottes sucrées, délicieuses, donnent un merveilleux repas pour votre bébé. J'aime y ajouter une touche de saveur pour les rendre plus appétissantes. Quoi de mieux, pour annoncer l'arrivée de l'automne, que de transformer ce repas en un bon potage chaud pour toute votre famille.

4 carottes entières, pelées et coupées en dés
1 gousse d'ail, émincée
1 tomate, hachée

1. Cuire les carottes et l'ail à la vapeur environ 10 minutes ou jusqu'à ce que les carottes soient tendres. Réserver l'eau de cuisson.

2. Ajouter la tomate lorsqu'il ne reste que 2 minutes de cuisson.

3. Réduire en purée lisse le mélange dans un robot culinaire, avec ½ tasse (125 ml) d'eau réservée. Ajouter plus d'eau au besoin pour obtenir la consistance souhaitée.

purées d'automne

Purée de carottes

7 mois et plus

DONNE 3 TASSES (750 ML) OU 9 PORTIONS POUR BÉBÉ

RECETTE DEUX EN UNE : **GÂTEAU AUX CAROTTES MOELLEUX ET CONSISTANT,** PAGE 140

....

Il est important de tenir compte de la concentration de nitrates contenus dans les carottes lorsque vous en donnez à votre bébé. Il s'agit d'éléments présents naturellement dans le sol, mais quand des fertilisants commerciaux sont utilisés, ils peuvent s'accumuler en excès dans la terre (et dans la nappe phréatique) et s'infiltrer dans les plantes. Puisqu'il est important que les jeunes bébés n'ingèrent pas trop de nitrates, assurez-vous d'acheter des carottes biologiques ou de les faire pousser vous-même, surtout si vous savez que la terre de votre potager est saine.

6 grosses carottes, pelées et coupées en dés

1. Cuire les carottes à la vapeur environ 10 minutes ou jusqu'à ce qu'elles soient tendres. Réserver l'eau de cuisson.
2. Réduire en purée lisse les carottes dans un robot culinaire avec ½ tasse (125 ml) d'eau réservée. Ajouter plus d'eau au besoin pour obtenir la consistance souhaitée.

Purée d'épinards, de bette à carde et de carottes

7 mois et plus

DONNE 3 TASSES (750 ML) OU 9 PORTIONS POUR BÉBÉ

RECETTE DEUX EN UNE : **ENCHILADAS FACILES À PRÉPARER,** PAGE 140

Inciter votre bébé et vos enfants à manger des légumes-feuilles est essentiel à leur santé. Votre bébé doit être habitué dès le début à leur goût. Ma mère disait que faire des nœuds était beaucoup plus facile que de les défaire. Commencer avec des aliments sains est beaucoup plus aisé que de se lancer avec des aliments achetés déjà préparés pour changer ensuite les habitudes de votre famille.

1 tasse (30 g) de feuilles d'épinard, bien tassées, sans tiges
1 tasse (30 g) de feuilles de bette à carde, hachées et bien tassées, sans tiges
3 grosses carottes, pelées et coupées en dés

1. Cuire ensemble les feuilles d'épinard et de bette à carde à la vapeur, de 3 à 5 minutes, jusqu'à ce qu'elles soient tendres.

2. Réserver les feuilles d'épinard et de bette à carde, et cuire les carottes à la vapeur de 8 à 9 minutes. Vous pouvez effectuer les deux étapes simultanément si vous avez deux cuiseurs à vapeur. Réserver l'eau de cuisson.

3. Passer au mélangeur les épinards, la bette à carde et les carottes et réduire en purée lisse. Ajouter de l'eau réservée au besoin afin d'obtenir la consistance souhaitée.

Purée de pommes Fuji

6 mois et plus

DONNE 3 TASSES (750 ML) OU 10 PORTIONS POUR BÉBÉ

RECETTE DEUX EN UNE : **BISCUITS À LA FARINE D'AVOINE ET AUX POMMES,** PAGE 141

....

La pomme est l'un des meilleurs aliments, que ce soit pour les bébés, les enfants ou les adultes. Peu importe la façon dont vous apprêtez ce fruit, manger une pomme par jour est une bonne façon d'éviter les maladies. Il s'agit d'un merveilleux premier aliment solide, facile à digérer pour un bébé. La compote de pommes est une des rares purées que l'on continue à manger à l'âge adulte. J'adore encore la compote de pommes cuisinée maison. Chaque bouchée fait resurgir des souvenirs de mon enfance.

4 pommes Fuji, pelées et coupées en dés

1. Peler les pommes, les évider, puis les couper en morceaux d'un pouce (2,5 cm).
2. Cuire les pommes à la vapeur environ 10 minutes ou jusqu'à ce qu'elles soient tendres. Réserver l'eau de cuisson.
3. Réduire en purée lisse les pommes dans un robot culinaire ou un mélangeur, avec ½ tasse (125 ml) d'eau réservée. Ajouter plus d'eau au besoin pour obtenir la consistance souhaitée.

Faire du compostage

En faisant du compost, vous donnez à la terre des matières organiques que vous utilisez, une fois décomposées naturellement, comme fertilisant de première qualité. C'est un projet génial et simple à réaliser avec vos enfants. Vous pouvez mettre tous les restes de nourriture compostables dans un bac dans la cuisine, puis demander à un enfant plus âgé de vider le contenu dans le composteur placé à l'extérieur. Vous pouvez vous le procurer dans une quincaillerie, ou le fabriquer à la maison. Si vos enfants sont très jeunes, vous pouvez faire votre compost vous-même, puis montrer à vos enfants comment le faire quand ils seront plus grands. Rappelez-vous qu'en mettant en pratique toutes ces activités, vous enseignerez à vos enfants le respect de la Terre et de ses ressources naturelles. Vos enfants comprendront ainsi d'où vient leur nourriture et comment s'insère le compostage dans le cycle de la vie végétale.

purées d'automne

Purée épicée de pommes, de poires et de raisins secs

8 mois et plus

DONNE 3 TASSES (750 ML) OU 9 PORTIONS POUR BÉBÉ

RECETTE DEUX EN UNE : **POUDING AU PAIN ET AUX FRUITS,** PAGE 142

Voici une version épicée d'une recette classique, que même les adultes apprécieront en accompagnement. J'aime beaucoup le mélange de saveurs qu'on y trouve. C'est l'occasion d'aller cueillir des pommes avec vos enfants, pour ensuite préparer la purée la plus fraîche qui soit. Vous pouvez aussi visiter le marché fermier de votre localité et vous procurer ces délices saisonniers.

3 pommes Fuji, pelées et coupées en dés
3 poires Bartlett, pelées et coupées en dés
1 cuillerée à thé de cannelle
½ tasse (75 g) de raisins secs

1. Peler les pommes et les poires, les évider, puis les couper en morceaux de 1 pouce (2,5 cm).
2. Saupoudrer les pommes et les poires de cannelle et cuire à la vapeur de 8 à 10 minutes ou jusqu'à ce qu'elles soient tendres.
3. Ajouter les raisins secs et cuire à la vapeur 2 minutes de plus. Réserver l'eau de cuisson.
4. Réduire en purée lisse les pommes, les poires et les raisins secs dans un robot culinaire avec ½ tasse (125 ml) d'eau réservée. Ajouter plus d'eau au besoin pour obtenir la consistance souhaitée.

purées d'automne

Haricots frits au fromage pour bébé

11 mois et plus

DONNE 5 TASSES (1,25 L) OU 15 PORTIONS POUR BÉBÉ

RECETTE DEUX EN UNE : **TAQUITOS CROUSTILLANTS CUITS AU FOUR,** PAGE 143

Les haricots contiennent énormément de protéines essentielles. Ils sont idéaux pour les bébés qui n'aiment pas la viande, ou pour les mamans qui ont choisi une alimentation végétarienne ou végétalienne pour leur bébé. L'ajout d'oignon et de fines herbes donne du goût aux haricots et en fait un déjeuner réconfortant ou une bonne collation à toute heure du jour.

2 tasses (400 g) de haricots pinto secs, lavés et mis à tremper pendant une nuit

4 tasses (1 l) d'eau

4 tasses (1 l) de bouillon de poulet ou de légumes

1 feuille de laurier

1 oignon, pelé et haché finement

2 gousses d'ail, hachées

2 cuillerées à thé d'huile de noix de coco (ou de votre huile de cuisson préférée)

½ tasse (75 g) de cheddar râpé (à omettre pour les végétaliens)

1. Placer les haricots, l'eau, le bouillon, la feuille de laurier, l'oignon et l'ail dans une grande casserole.

2. Couvrir et porter à ébullition.

3. Réduire à feu doux et laisser mijoter 1 ½ heure ou jusqu'à ce que les haricots soient tendres.

4. Enlever la feuille de laurier et égoutter le mélange de haricots. Réserver le bouillon.

5. Dans un grand poêlon antiadhésif chauffé à feu moyen, verser l'huile de noix de coco, puis le mélange de haricots et ajouter 1 tasse du bouillon. Réserver le reste du bouillon pour une utilisation ultérieure.

6. Cuire les haricots en remuant fréquemment. Écraser tout en remuant pour obtenir la consistance souhaitée. Continuer à ajouter de l'eau au besoin, pour obtenir une belle pâte épaisse, mais pas trop sèche.

7. Ajouter le fromage et lui laisser le temps de fondre dans les haricots. Servir chaud.

Purée à la citrouille épicée au gingembre

10 mois et plus

DONNE 4 À 5 TASSES (1 À 1,25 L) OU 10 PORTIONS POUR BÉBÉ

RECETTE DEUX EN UNE : **BEURRE AUX POMMES ET À LA CITROUILLE,** PAGE 143

La citrouille est si nutritive, avec toutes les vitamines qu'elle contient, que la faire aimer à votre bébé sera assurément une grande réussite. Rien de plus facile que de la passer au mélangeur avec un peu d'épices. La plupart des gens jettent les citrouilles après la fête d'Halloween. Ils devraient pourtant se donner la peine de les apprêter! Utilisez-les le plus possible quand elles sont mûres et à leur meilleur. Conservez aussi les graines. Faites-les griller avec du jus de citron vert et du sel pour la collation, ou bien laissez vos enfants plus vieux en faire des colliers après les avoir décorées de peinture à base d'eau.

1 petite citrouille à tarte
1 cuillerée à thé d'huile d'olive
½ tasse (125 ml) d'eau
1 cuillerée à thé de gingembre moulu
½ cuillerée à thé de cannelle
½ cuillerée à thé de muscade moulue

1. Préchauffer le four à 350 °F (180 °C ou température 4).
2. Couper la citrouille en deux et enlever les graines avec une cuillère. Garder les graines pour les rôtir ultérieurement, si désiré. Badigeonner la chair de citrouille d'huile d'olive.
3. Sur une plaque à pâtisserie tapissée de papier sulfurisé, placer les moitiés de citrouille, face vers le bas. Cuire pendant 40 minutes ou jusqu'à ce que la chair soit tendre.
4. Une fois refroidie, prélever avec une cuillère la chair de la citrouille et la mettre dans un mélangeur avec l'eau et les épices.
5. Réduire en purée lisse. Ajouter de l'eau au besoin afin d'obtenir la consistance souhaitée.

Minimuffins aux pommes, à la courge et aux épices

12 mois et plus

DONNE 20 À 25 MINIMUFFINS OU PORTIONS

Ces muffins sont parfaits pour les petites mains des bambins. Votre enfant bénéficiera des mêmes nutriments que lorsqu'il était bébé. Cette recette constitue une excellente collation de mi-journée et une bonne gâterie à servir à l'anniversaire d'un enfant d'un an.

2 tasses (250 g) de farine à pâtisserie de blé entier
1 cuillerée à thé de bicarbonate de soude
2 cuillerées à thé de cannelle
1 cuillerée à thé de muscade fraîche
¼ cuillerée à thé de clous de girofle
¼ cuillerée à thé de quatre-épices
½ cuillerée à thé de sel de mer
½ tasse (112 g) de beurre non salé, ramolli
1 tasse (340 g) de sirop d'agave cru
3 œufs
1 ½ tasse (375 ml) de *purée de pommes,*
**   *de courge et de raisins secs* (voir page 107)**
Du beurre frais, des fruits et des raisins secs,
**   pour servir**

1. Préchauffer le four à 350 °F (180 °C ou température 4).
2. Mélanger tous les ingrédients secs.
3. Dans un autre bol, battre le beurre avec le sirop d'agave à vitesse moyenne avec un petit mélangeur.
4. Incorporer les œufs (un à la fois) en les battant.
5. Ajouter la *purée de pommes, de courge et de raisins secs*.
6. À basse vitesse, ajouter graduellement le mélange entier d'ingrédients secs, jusqu'à obtenir la consistance d'une pâte à gâteau.
7. Placer des chemises en papier dans un moule à minimuffins, et distribuer le mélange également en remplissant chacun des moules aux trois-quarts.
8. Cuire de 18 à 20 minutes ou jusqu'à ce qu'un cure-dent inséré au centre en ressorte sec.
9. Servir chaud avec du beurre frais, des fruits et des raisins secs, si désiré.

Soupe épicée aux lentilles rouges

12 mois et plus

DONNE 8 TASSES (2 L) OU 6 PORTIONS POUR ADULTE OU 10 PORTIONS POUR ENFANT

En automne, je garde toujours une soupe sur la cuisinière pour en servir à mes enfants quand ils rentrent de l'école. C'est une merveilleuse collation, chaude, rassasiante et peu coûteuse. Mes enfants invitent souvent des amis à jouer, et cette bonne soupe est parfaite pour nourrir tout ce petit monde. Ajoutez-y du pain à l'ail à l'ancienne, et vous obtiendrez un repas très copieux.

1 cuillerée à soupe de beurre non salé

1 gros oignon jaune, haché

1 cuillerée à thé de sel de mer

1 à 2 cuillerées à thé de poivre

6 tasses (1,5 l) d'eau

2 tasses (500 ml) de *repas consistant aux lentilles rouges et à l'oignon* (voir page 108)

¼ cuillerée à thé de clous de girofle moulus

1 cuillerée à thé de poudre aux cinq épices

½ cuillerée à thé de cumin moulu

2 cubes de bouillon de légumes

2 grosses tomates entières, hachées

3 carottes, coupées en rondelles ou en dés

1 longue branche de céleri, coupée en dés

3 citrons verts, coupés en quartiers, pour servir

1. Dans une grande casserole, faire fondre le beurre et faire sauter l'oignon haché jusqu'à ce qu'il ait bruni.

2. Assaisonner de sel et de poivre.

3. Dans la casserole, ajouter l'eau et le *repas consistant aux lentilles rouges et à l'oignon*.

4. Ajouter les clous de girofle, la poudre aux cinq épices, le cumin et les cubes de bouillon, puis bien remuer la soupe.

5. Ajouter les tomates, les carottes et le céleri, puis laisser la soupe mijoter de 10 à 12 minutes, jusqu'à ce que les saveurs soient mélangées. Ajouter une pincée de sel ou de poivre, au goût.

6. Poser un quartier de citron vert sur le dessus de la soupe juste avant de servir.

REMARQUE

La poudre aux cinq épices est un mélange de fenouil, de clous de girofle, de cannelle, d'anis étoilé et de grains de poivre du Sichuan. Elle comprend les cinq saveurs : sucré, aigre, amer, piquant et salé. Elle ajoute un goût incroyable aux soupes, aux marinades et à une multitude d'autres plats. Vous la trouvez dans les grandes épiceries ou dans les marchés de produits asiatiques.

Macaroni au fromage et à la courge musquée

15 mois et plus

DONNE 10 PORTIONS

Le macaroni au fromage est un repas classique pour les enfants. Ajoutez une courge musquée pour à la fois relever la saveur et augmenter la valeur nutritive. Mes enfants adorent cette recette, qui est bien meilleure pour la santé que la version traditionnelle.

6 tasses (1,5 l) d'eau

2 tasses (210 g) de macaroni, cru

¼ tasse (60 ml) de crème épaisse

1 cuillerée à thé de muscade

1 tasse (120 g) de cheddar râpé

¼ cuillerée à thé de sel de mer

Poivre, au goût

1 tasse (250 ml) de *purée de courge musquée* (voir page 109)

½ tasse (60 g) de chapelure japonaise panko

1. Préchauffer le four à 350 °F (180 °C ou température 4).

2. Dans une grande casserole, faire bouillir l'eau. Ajouter le macaroni et continuer à faire bouillir 8 minutes. Égoutter.

3. Dans une autre casserole, à feu moyen, mélanger la crème, la muscade, le fromage, le sel et le poivre. Chauffer jusqu'à ce que le fromage fonde.

4. Ajouter la *purée de courge musquée* et le macaroni cuit, puis remuer.

5. Verser le mélange dans un plat de cuisson et garnir de chapelure japonaise panko.

6. Cuire au four de 20 à 25 minutes.

Crêpes de céréales de grains entiers à la citrouille

15 mois et plus

DONNE 12 À 15 CRÊPES MOYENNES

Les crêpes sont réconfortantes durant les froides journées d'automne. Quoi de plus plaisant que de partager ce déjeuner traditionnel autour d'une table ? Le goût épicé apporte un complément parfait à ce repas automnal qui, de plus, présente de nombreux bienfaits pour la santé.

2 tasses (250 g) de farine à pâtisserie de blé entier
¼ cuillerée à thé de sel de mer
1 ½ cuillerée à thé de cannelle moulue
½ cuillerée à thé de muscade moulue
½ cuillerée à thé de quatre-épices
½ cuillerée à thé de gingembre moulu
1 cuillerée à thé de bicarbonate de soude
1 ½ cuillerée à thé de poudre levante
1 tasse (250 ml) de lait
1 ¼ tasse (375 ml) de *purée de citrouille et de framboises* (voir page 110)
1 cuillerée à thé d'extrait de vanille
2 œufs
1 cuillerée à soupe de beurre non salé
Sirop d'érable pur, pour servir

1. Dans un grand bol, mélanger la farine, le sel, la cannelle, la muscade, les quatre-épices, le gingembre, le bicarbonate de soude et la poudre levante.

2. Dans un autre bol, mélanger le lait, la *purée de citrouille et de framboises*, la vanille et les œufs.

3. Ajouter les ingrédients liquides aux secs, puis mélanger jusqu'à ce que le tout soit homogène.

4. Faire fondre environ 1 cuillerée à soupe de beurre dans un grand poêlon ou sur une plaque chauffante, et chauffer de feu moyen à vif. Avec une louche, verser un peu de mélange à crêpe dans le poêlon pour obtenir des crêpes de grandeur moyenne. Quand des bulles commencent à se former sur le dessus, retourner les crêpes. Elles sont prêtes quand les deux côtés sont légèrement brunis.

5. Retirer les crêpes du poêlon, puis servir immédiatement avec du sirop d'érable.

Tartelettes fourrées aux fruits sur bâtonnet

15 mois et plus

DONNE 15 À 18 TARTELETTES SUR BÂTONNET

POUR LA PÂTE À TARTE :

- 1 tasse (166 g) de farine tout usage, non blanchie
- ½ cuillerée à thé de sucre de canne naturel
- ¼ cuillerée à thé de sel
- ½ tasse (112 g) de beurre non salé, coupé en morceaux de 1 pouce (2,5 cm)
- ½ tasse (125 ml) d'eau très froide

POUR LA GARNITURE :

- 2 tasses (500 ml) de *purée de canneberges, d'abricots et de cerises aigres* (voir page 113)
- 2 cuillerées à soupe de fécule d'arrow-root
- 3 cuillerées à soupe de miel
- 1 à 2 œufs, légèrement battus, pour la dorure à l'œuf

1. Préchauffer le four à 350 °F (180 °C ou température 4).

2. Verser la farine, le sucre et le sel dans le bol du mélangeur et remuer légèrement.

3. Augmenter la vitesse du mélangeur de basse à moyenne. Ajouter les morceaux de beurre, un à la fois, puis mélanger jusqu'à l'obtention d'une pâte granuleuse avec des morceaux de beurre de la grosseur d'un pois. Ajouter lentement l'eau jusqu'à la formation d'une pâte lisse. Il devrait encore y avoir de petits morceaux de beurre apparents dans la pâte. Si la pâte est trop sèche, ajoutez de l'eau, une cuillerée à thé à la fois, pour obtenir une pâte lisse.

4. Façonner à la main une boule avec la pâte. Il n'est pas nécessaire de réfrigérer la pâte avant de l'utiliser.

5. Étaler la pâte sur un plan de travail fariné, environ ¼ de pouce d'épaisseur (6 mm). Piquer à quelques reprises, avec une fourchette, la pâte étalée. Avec un emporte-pièce à biscuits, découper 30 à 36 ronds, en étalant la pâte de nouveau si nécessaire.

6. Placer la moitié des ronds sur une ou deux plaques à pâtisserie couvertes de papier sulfurisé, en laissant un espace entre les ronds pour les bâtonnets.

7. Dans un grand bol, mélanger la *purée de canneberges, d'abricots et de cerises aigres*, la fécule d'arrow-root et le miel en remuant bien. Mettre une petite cuillerée de garniture directement au centre des ronds de pâte. Appliquer les bâtonnets sur la garniture et les enfoncer dans la pâte. Placer le reste des ronds de pâte sur chaque rond garni, en pressant les bords ensemble avec les doigts mouillés. Presser le contour de chaque tartelette avec une fourchette pour sceller la pâte.

8. Faire une petite incision sur chaque tartelette avec un couteau, en prenant soin de ne pas percer complètement la pâte. Au pinceau, badigeonner de dorure à l'œuf chaque tartelette.

9. Cuire les tartelettes au four environ 15 minutes, jusqu'à ce qu'elles soient dorées.

Hachis parmentier

15 mois et plus

DONNE 4 À 5 PORTIONS

Ce hachis parmentier est un classique dont tout le monde raffole chez moi. Pour cette variante de la recette traditionnelle, délaissez la viande et remplacez la purée de pommes de terre par une purée de courge. Vous obtiendrez ainsi un plat au goût prononcé offrant, en prime, une plus grande valeur nutritive. Pour une version totalement végétarienne, substituez au bouillon de poulet du bouillon de légumes.

1 cuillerée à soupe de beurre non salé

2 cuillerées à soupe de concentré de protéines liquides

2 cuillerées à soupe de sauce soya faible en sodium

1 gros oignon jaune, coupé en petits dés

½ tasse (65 g) de carottes, coupées en dés

½ tasse (100 g) de céleri, haché

1 tasse (150 g) de pois, écossés

1 cuillerée à soupe de romarin frais, haché

½ cuillerée à soupe de thym frais, haché

2 gousses d'ail, émincées

4 tasses (1 l) de bouillon de poulet

¼ cuillerée à thé de sel de mer

Poivre, au goût

½ tasse (60 g) de cheddar râpé (frais ou congelé)

4 tasses (1 l) de _purée de courge poivrée et de courge musquée_ (voir page 114)

1. Dans une grande casserole, faire fondre le beurre de feu moyen à vif. Ajouter le concentré de protéines liquides et la sauce soya.

2. Ajouter l'oignon, les carottes, le céleri, les pois, le romarin, le thym et l'ail, puis faire sauter de 5 à 7 minutes.

3. Ajouter le bouillon, le sel et le poivre et porter à ébullition. Éteindre le feu et réserver.

4. Préchauffer le four sur « gril ».

5. Mélanger le fromage et la _purée de courge poivrée et de courge musquée_ dans un bol. Réserver.

6. Verser une part de mélange de légumes dans 4 plats à tarte individuels ou dans des ramequins, ou utiliser la pelure des courges poivrées si elle a été conservée. S'assurer de déposer un peu de bouillon et beaucoup de légumes dans chacun. Garnir avec le mélange de _purée de courge poivrée et de courge musquée_.

7. Placer les ramequins ou les plats à tarte individuels sur une plaque à pâtisserie, puis mettre sous le gril de 3 à 4 minutes ou jusqu'à ce que le dessus ait bruni. Servir chaud.

REMARQUE

❯ Si vous n'avez pas de plats à tarte individuels, utilisez un simple plat de cuisson allant au four.

Pizza au pain plat, aux tomates séchées et au feta

18 mois et plus

DONNE 4 PORTIONS POUR ADULTE OU 6 PORTIONS POUR ENFANT

J'aime ces pizzas parce qu'elles sont savoureuses et faciles à préparer. Elles sont de plus merveilleusement nutritives et pleines de saveur. Au déjeuner, lorsque vous recevez des amis qui ont des enfants, elles s'avèrent un choix judicieux, car cette recette peut nourrir plusieurs personnes simplement et rapidement.

3 morceaux de pain plat à l'ail

2 tasses (500 ml) de *repas consistant
au quinoa et aux tomates séchées*
(voir page 117)

1 tasse (150 g) de feta, à répartir sur les
3 pains plats

1 oignon rouge, tranché en fines rondelles

½ tasse (20 g) de feuilles de basilic frais,
hachées

1. Préchauffer le four à 425 °F (220 °C
    ou température 7).

2. Placer dans le four, sur une pierre
    à pizza ou une plaque à pâtisserie,
    le pain plat sans la garniture. Cuire
    pendant 5 minutes.

3. Sortir le pain plat du four et étendre
    le *repas consistant au quinoa et aux
    tomates séchées* dessus.

4. Ajouter le feta, les tranches d'oignon
    rouge et le basilic.

5. Cuire le pain plat au four de 10 à 12
    minutes de plus, jusqu'à ce qu'il soit
    légèrement doré.

Tamales au maïs sucré

16 mois et plus

DONNE 15 À 20 TAMALES OU PORTIONS

Les tamales sont un mets traditionnel du Mexique qui célèbre la culture de ce pays. Cette version avec du maïs sucré est amusante à faire, et sa préparation représente une belle occasion d'inclure vos enfants. Vous aurez besoin de feuilles de maïs, de masa (farine de maïs du commerce vendue dans la section des aliments mexicains) et d'un peu de temps. Cette recette est idéale à préparer durant la fin de semaine quand vous êtes plus disponible.

3 tasses (750 ml) de *purée de maïs, de pommes de terre et de carottes* (voir page 118)

½ tasse (170 g) de miel

2 lb (907 g) de farine de maïs du commerce

20 feuilles de maïs sèches, trempées dans l'eau tiède jusqu'à ce qu'elles soient flexibles (environ 20 minutes)

½ tasse (8 g) de coriandre fraîche, hachée, pour garnir

1 tasse (230 g) de crème sure, pour garnir

1. Mélanger la *purée de maïs, de pommes de terre et de carottes,* et le miel.

2. À la main, mélanger la farine de maïs et la purée.

3. Placer 3 à 4 cuillerées à soupe du mélange au centre du côté lisse de chaque feuille de maïs. Replier les côtés et le bas de la feuille vers l'intérieur, puis l'attacher ou la laisser pliée.

4. Tapisser des feuilles de maïs restantes les côtés du panier du cuiseur à vapeur. Y cuire les tamales en les empilant les uns par-dessus les autres. S'assurer que les tamales ne touchent pas l'eau.

5. Cuire à la vapeur de 45 à 65 minutes, jusqu'à ce que la pâte ne colle plus à la feuille de maïs.

6. Servir chaud. Charger chaque convive de garnir son tamal de coriandre et de crème.

Pouding au riz santé

15 mois et plus

DONNE 4 TASSES (1 L) OU 6 À 8 PORTIONS

....

Le riz est un aliment de base sacré dans nombre de cultures. Cette recette de pouding au riz, facile à préparer, est un délice sucré dont tout le monde raffole. Cette version consistante est plus nutritive que la plupart des autres recettes de pouding au riz.

2 tasses (500 ml) d'eau
1 tasse (195 g) de riz basmati, cru
3 tasses (750 ml) de lait entier
1 tasse (250 ml) de *purée de patates douces et de bananes* (voir page 120)
1 tasse (250 ml) de crème fouettée
¼ cuillerée à thé de cannelle
¼ cuillerée à thé de quatre-épices
¼ cuillerée à thé de muscade
½ tasse (170 g) de sirop d'agave cru

1. Dans une casserole moyenne, porter à ébullition l'eau contenant le riz, à couvert. Puis réduire à feu doux et cuire de 12 à 15 minutes, en remuant une ou deux fois.

2. Ajouter le reste des ingrédients et porter de nouveau à ébullition. Réduire le feu à doux et cuire de 25 à 30 minutes, à découvert. Continuer à remuer pour éviter que le riz ne colle.

3. Quand le riz a atteint une consistance épaisse et crémeuse, retirer du feu.

4. Servir chaud.

Soufflés aux kakis

16 mois et plus

DONNE 6 PORTIONS

....

Les soufflés sont délicats et délicieux, et cette version automnale est un délice après le souper lors d'occasions spéciales.

2 tasses (500 ml) de *purée de kakis, de petits fruits et de menthe* (voir page 121)
½ tasse (85 g) de fraises, hachées
Le zeste et le jus d'un citron
1 tasse (250 ml) de lait entier
1 cuillerée à soupe de fécule d'arrow-root
1 tasse (200 g) de sucre de canne pur, à répartir
3 gros œufs, le jaune et le blanc séparés
1 cuillerée à soupe de beurre non salé

1. Préchauffer le four à 400 °F (200 °C ou température 6). Enduire de beurre l'intérieur de six petits ramequins.

2. Mettre environ 1 cuillère à soupe de *purée de kakis, de petits fruits et de menthe* et quelques petits morceaux de fraises dans chaque ramequin.

3. Dans une casserole, à feu moyen, verser le zeste et le jus de citron, le lait, la fécule d'arrow-root, ½ tasse de sucre et les jaunes d'œuf, puis porter à ébullition. Avec un fouet, battre constamment jusqu'à l'obtention d'une consistance de pouding. Ensuite, incorporer et battre avec un fouet le beurre jusqu'à ce qu'il ait fondu. Verser le tout dans un bol à mélanger.

4. Dans un autre bol, avec un batteur à main, monter les blancs d'œuf jusqu'à ce qu'ils forment des pics légers, en ajoutant le reste de la tasse de sucre (100 g) vers la fin. Incorporer délicatement les blancs d'œuf au mélange de pouding.

5. Dans chaque ramequin, verser avec une louche le mélange sur les petits fruits. Cuire pendant environ 15 minutes, jusqu'à ce que les soufflés soient gonflés et légèrement dorés.

Potage aux carottes grillées

12 mois et plus

DONNE 8 TASSES (2 L) OU 10 À 12 PORTIONS

Quand arrive l'automne et que le froid s'installe, mes enfants aiment prendre un bon repas chaud dans notre maison de campagne. Cette soupe à l'ancienne est le repas nourrissant idéal pour une soirée d'automne. Elle remplit la maison d'une odeur réconfortante et si invitante qu'il se peut que cette recette devienne la favorite de votre famille.

8 grosses carottes, pelées et tranchées

6 gousses d'ail, pelées

3 cuillerées à soupe d'huile d'olive

1 cuillerée à soupe de beurre non salé

1 gros oignon jaune, haché

2 pincées de sel de mer

4 pincées de poivre

1 cuillerée à thé de basilic séché

4 tasses (1 l) de bouillon de poulet

2 cubes de bouillon de légumes

2 tasses (500 ml) d'eau

2 tasses (500 ml) de *purée savoureuse de carottes* (voir page 122)

1 pincée de flocons de piment rouge

1. Préchauffer le four à 300 °F (150 °C ou température 2).

2. Laver les carottes et les trancher en deux dans le sens de la longueur.

3. Placer les carottes et l'ail sur une plaque à pâtisserie tapissée de papier sulfurisé, puis napper légèrement d'huile d'olive. Faire griller 45 minutes.

4. Après que les carottes ont cuit 30 minutes, dans une grande casserole, faire fondre le beurre et faire sauter l'oignon haché jusqu'à ce qu'il ait bruni. Assaisonner de sel, de poivre et de basilic séché.

5. Ajouter les carottes grillées et l'ail dans la casserole.

6. Ajouter le bouillon de poulet, les cubes de bouillon de légumes, l'eau, la *purée savoureuse de carottes*, les flocons de piment rouge, puis laisser mijoter environ 5 minutes.

7. Réduire la soupe en purée lisse en utilisant un batteur à main ou un mélangeur, jusqu'à obtenir une consistance homogène.

Gâteau aux carottes moelleux et consistant

12 mois et plus

DONNE 10 À 12 PORTIONS

··

Voici le dessert que je préfère entre tous.

2 tasses (250 g) de farine tout usage
2 cuillerées à thé de poudre levante
1 cuillerée à thé de bicarbonate de soude
1 cuillerée à thé de sel
2 cuillerées à thé de cannelle moulue
¼ cuillerée à thé de muscade
¼ cuillerée à thé de quatre-épices
¼ cuillerée à thé de gingembre moulu
2 tasses (500 ml) de *purée de carottes* (voir page 123)
1 tasse (340 g) de miel
1 tasse (200 g) de sucre de canne pur
1 ½ tasse (375 ml) d'huile de tournesol
4 œufs
Crème fraîchement fouettée ou glaçage au fromage à la crème, au choix

1. Préchauffer le four à 325 °F (170 °C ou température 3). Graisser et fariner un moule de 9 x 13 pouces (23 x 33 cm).

2. Dans un bol moyen, mélanger la farine, la poudre levante, le bicarbonate de soude, le sel et les épices. Réserver.

3. Dans un grand bol, mélanger la *purée de carottes*, le miel, le sucre, l'huile et les œufs.

4. Incorporer graduellement les ingrédients secs au mélange de purée, jusqu'à ne plus voir de traces de farine. Ne pas trop mélanger.

5. Verser le mélange dans le moule et cuire de 35 à 40 minutes ou jusqu'à ce qu'un cure-dent inséré au centre du gâteau en ressorte sec. Laisser refroidir.

6. Garnir de crème fouettée fraîche ou de votre glaçage au fromage à la crème préféré, si désiré.

Enchiladas faciles à préparer

15 mois et plus

DONNE 6 PORTIONS

··

Mes enfants aiment les enchiladas. Cette version cuisinée maison est un repas à l'ancienne qu'aurait pu préparer ma mère.

1 oignon jaune entier, coupé en dés et sauté
2 gousses d'ail, émincées
1 cuillerée à soupe d'huile de noix de coco
2½ tasses (600 g) de *purée d'épinards, de bette à carde et de carottes* (voir page 124)
1 paquet de tortillas au maïs, à diviser
2 tasses (750 g) de haricots noirs entiers biologiques (ou en boîte)
2 tasses (225 g) de cheddar râpé
1 tasse (230 g) de crème sure, pour servir

1. Préchauffer le four à 350 °F (180 °C ou température 4).

2. Dans une sauteuse, faire revenir l'oignon et l'ail dans l'huile de noix de coco jusqu'à ce que le tout soit caramélisé et bruni.

3. Mélanger la *purée d'épinards, de bette à carde et de carottes* avec l'oignon et l'ail.

4. Dans un plat de cuisson en verre, placer une couche de tortillas au maïs en les faisant se chevaucher au besoin.

5. Garnir les tortillas de *purée d'épinards, de bette à carde et de carottes*.

6. Ajouter une couche de haricots noirs, puis une couche de fromage.

7. Répéter l'étape numéro 6 deux fois et terminer avec une couche de fromage.

8. Cuire de 20 à 25 minutes et servir avec de la crème sure.

Biscuits à la farine d'avoine et aux pommes

12 mois et plus

DONNE 25 BISCUITS OU PORTIONS

Ces biscuits sont mes préférés. Une amie de ma mère faisait les meilleurs biscuits à la farine d'avoine. Après la naissance de mon premier fils, elle m'avait apporté à la maison une boîte remplie de ces biscuits. Durant les premiers jours où j'allaitais mon enfant, je pense que je ne mangeais que ça. Rien de surprenant à ce que mon fils, maintenant adolescent, adore ces biscuits. Par l'entremise de ma mère, j'ai appris un jour quel ingrédient secret utilisait son amie : la compote de pommes.

2 tasses (160 g) de flocons d'avoine

1 tasse (125 g) de farine tout usage

½ tasse (63 g) de farine de blé entier

1 cuillerée à thé de bicarbonate de soude

1 cuillerée à thé de cannelle moulue

½ cuillerée à thé de sel

1 tasse (250 ml) de *purée de pommes Fuji* (voir page 125)

½ tasse (170 g) de miel

½ tasse (100 g) de sucre de canne pur

1 œuf, battu

2 cuillerées à soupe d'huile de noix de coco

1 cuillerée à soupe d'extrait de vanille

1. Préchauffer le four à 350 °F (180 °C ou température 4).

2. Mélanger les flocons d'avoine, la farine tout usage, la farine de blé entier, le bicarbonate de soude, la cannelle et le sel.

3. Dans un autre bol, mélanger le reste des ingrédients.

4. Dans un mélangeur, à basse vitesse, incorporer graduellement les ingrédients secs aux ingrédients liquides, jusqu'à obtenir la consistance d'une pâte.

5. Sur une plaque à pâtisserie tapissée de papier sulfurisé, déposer la pâte à biscuits une cuillerée à soupe à la fois, et aplatir chacune pour former un rond.

6. Cuire de 12 à 15 minutes, jusqu'à ce que les biscuits soient légèrement brunis mais encore mous.

7. Laisser refroidir sur une grille métallique et servir avec un verre de lait.

Pouding au pain et aux fruits

15 mois et plus

DONNE 6 À 10 PORTIONS

Me rendre dans les marchés fermiers est une de mes petites sorties préférées. C'est le meilleur des mondes : les gens y tissent des liens, partagent et vivent en harmonie. La place du marché est encore plus vibrante quand elle regorge de ces saveurs d'automne, comme à une autre époque. C'est là que nous retrouvons le pouding au pain, riche en saveur et en tradition. J'aime la nourriture qui a une âme. Le pouding au pain semble posséder cette énergie du terroir qui me fait croire que l'amour est un ingrédient nécessaire pour que ce mets ait le goût de mon enfance.

6 tranches épaisses de pain brioché, coupées en dés

2 cuillerées à soupe de beurre non salé, fondu

4 œufs, battus

2 tasses (500 ml) de lait

¾ tasse (170 g) de cassonade

1 tasse (250 g) de *purée épicée de pommes, de poires et de raisins secs* (voir page 127)

1. Préchauffer le four à 350 °F (180 °C ou température 4).

2. Dans un plat de cuisson carré de 8 pouces (20 cm), placer le pain brioché coupé en dés et napper avec du beurre fondu.

3. Dans un bol, mélanger les œufs, le lait, la cassonade et la *purée épicée de pommes, de poires et de raisins secs*.

4. Verser le mélange uniformément sur le pain en vous assurant que le pain absorbe le mélange humide, en brassant légèrement au besoin.

5. Cuire pendant 45 minutes jusqu'à ce que le tout soit bruni. Servir chaud.

REMARQUE

Ce plat est idéal au déjeuner aussi bien qu'au dessert. Garnissez-le de yogourt, de crème fouettée fraîche et de fruits, tel qu'illustré, ou comme bon vous semblera.

Taquitos croustillants cuits au four

15 mois et plus

DONNE 12 TAQUITOS OU PORTIONS

....

Ces taquitos font une excellente collation de mi-journée, saine et remplie de protéines. Ils peuvent se congeler si vous souhaitez en préparer une plus grande quantité.

2 tasses (500 ml) de *haricots frits au fromage pour bébé* (voir page 128)
½ tasse (60 g) de cheddar râpé
½ tasse (110 g) de maïs biologique en boîte
12 tortillas de maïs
1 cuillerée à soupe d'huile de carthame ou de votre huile de cuisson préférée
Servir avec de la salsa ou du guacamole

1. Préchauffer le four à 425 °F (220 °C ou température 7).

2. Dans un grand bol, mélanger les *haricots frits au fromage pour bébé*, le cheddar et le maïs. Réserver.

3. Dans un poêlon antiadhésif sur feu moyen, faire chauffer les tortillas de maïs jusqu'à ce qu'elles soient pliables. Les empiler dans une assiette et les couvrir d'un linge propre pour les garder au chaud.

4. Déposer une grosse cuillerée du mélange de haricots au centre d'une des tortillas. Rouler fermement en utilisant un cure-dent pour la maintenir en place, au besoin. Placer sur une plaque à pâtisserie tapissée de papier sulfurisé.

5. Répéter l'étape précédente avec les restes des tortillas et de la garniture.

6. Au pinceau, badigeonner les taquitos avec un peu d'huile et cuire de 10 à 15 minutes ou jusqu'à ce que le tout soit croustillant.

7. Servir chaud, accompagné de salsa ou de guacamole.

Beurre aux pommes et à la citrouille

12 mois et plus

DONNE DE 3 À 4 POTS D'UNE TASSE (8 ONCES OU 250 ML)

....

Le beurre de citrouille peut être décliné de nombreuses manières. Étendez-le sur du pain, des gaufres, des crêpes ou de la crème glacée à la vanille couverte de noix hachées. Mis en conserve, il peut faire l'objet d'échanges de nourriture ou de cadeau durant la période des Fêtes. La saveur de ce beurre est très réconfortante.

3 tasses (750 ml) de *purée à la citrouille épicée au gingembre* (voir page 129)
1 tasse (250 ml) de compote de pommes ou de *purée de pommes Fuji* (voir page 125)
½ tasse (170 g) de sirop d'érable
½ tasse (170 g) de sirop d'agave cru
Le jus d'un ½ citron
¼ cuillerée à thé de sel

1. Dans une grande casserole à feu moyen, mélanger tous les ingrédients et porter à ébullition en remuant fréquemment.

2. Réduire le feu à doux et laisser mijoter de 20 à 25 minutes jusqu'à ce que le beurre épaississe.

3. Avec une louche, verser dans des pots en verre stérilisés d'une demi-chopine (8 onces ou 250 ml). Laisser refroidir, puis sceller et indiquer la date sur l'étiquette.

4. Entreposer au réfrigérateur jusqu'à une semaine.

purées d'hiver

L'hiver cogne à nos portes. Les arbres se dépouillent de leurs feuilles. Le feu du foyer réchauffe la maison, et le garde-manger se remplit à craquer d'une abondance de produits. Voici venu le temps où les familles se rassemblent autour de la table pour partager et festoyer ensemble. Les grands-mères transmettent les traditions culinaires considérées comme sacrées dans leur famille. C'est une période de l'année où la générosité se traduit par des gestes envers son prochain.

Ce qui est merveilleux dans le fait d'être parents, c'est de pouvoir instaurer de nouvelles traditions, fondées sur notre façon de voir la nourriture, que nous pourrons transmettre à nos enfants.

L'importance du partage

Partager la nourriture et l'amitié est l'essence même de cette période de l'année. En réservant un bon accueil à la famille et aux amis lors des repas des Fêtes, vous créerez un environnement chaleureux, et le sens du partage occupera une place de choix dans la vie de votre bébé. Cela se traduira ensuite par un style de vie où la santé sera essentielle. Votre enfant portera l'empreinte de ces repas partagés avec les invités. Cela lui apprendra l'importance des traditions alimentaires et le vrai sens de l'expression « casser la croûte ».

Mon mari et moi incitons nos enfants à préparer des pains, des muffins et des soupes afin de les offrir aux gens dans le besoin durant la période des Fêtes. Nos enfants enveloppent avec soin ces pains, apposent des étiquettes sur les gros pots remplis de soupe, pour les donner ensuite à un refuge pour sans-abri de notre localité. Ces gestes leur apprennent à éprouver de la gratitude pour ce qu'ils ont et à montrer un esprit de générosité, pour le plus grand bénéfice de tous.

Permettre à vos enfants de cuisiner avec vous

Les enfants adorent aider à la cuisine, et ils peuvent en faire beaucoup plus que vous ne le pensez. Lors du septième anniversaire de ma fille Lotus, nous avons invité ses amies à souper. Puisque ma fille est née en automne, un des plats servis était une bonne soupe chaude aux légumes. Elle avait coupé elle-même tous les légumes et elle était très fière de le dire à ses amies quand elles sont arrivées à la fête. Chaque semaine, nous préparons de la pizza cuisinée maison. Tous mes enfants, même mon bébé River, aiment étaler la pâte et disposer les garnitures. Je prends plaisir à les initier en famille, sans qu'il s'agisse d'« enseignement » formel. Ne vous souciez pas des dégâts, laissez simplement vos enfants s'amuser.

Le grand ménage de l'hiver : votre garde-manger fait peau neuve

La plupart de gens recommandent de faire un grand ménage au printemps. Personnellement, je préfère le faire durant la période hivernale. Je passe plus de temps à l'intérieur, et l'occasion est parfaite pour réapprovisionner mon garde-manger en vue de la nouvelle année. Nettoyer et regarnir le garde-manger est aussi pratique pour préparer beaucoup de purées. Vous avez tous les ingrédients à portée de main, ce qui vous rendra la tâche plus facile et moins stressante.

Si manger des aliments biologiques est nouveau pour vous, profitez de l'occasion pour remplacer vos vieux produits, vos anciennes épices et huiles de cuisson par des produits frais, naturels, meilleurs pour la santé.

Voici une liste de suggestions de produits que j'aime avoir sous la main dans mon garde-manger.

* HUILES DE CUISSON *

> Huile de noix de coco
> Huile de pépins de raisin
> Huile de tournesol
> Huile d'olive

* ASSAISONNEMENTS ET BOUILLONS *

> Ail entier (à garder dans un endroit frais et sombre)
> Oignons jaunes (à garder dans un endroit frais et sombre)
> Sel de mer
> Poivre
> Concentré de protéines liquides (Bragg Liquid Aminos)
> Sauce soya faible en sodium
> Tamari
> Thym
> Origan
> Poudre aux cinq épices
> Cumin
> Clous de girofle
> Curcuma
> Bouillon de légumes biologique
> Bouillon de poulet biologique
> Bouillon de bœuf biologique

* PRODUITS DE BOULANGERIE ET ÉDULCORANTS *

> Farines variées (tout usage, blé entier, etc.)
> Poudre levante (à faire vous-même, si possible)
> Extrait de vanille
> Cacao
> Sucre de noix de coco
> Sucre de canne pur
> Sirop d'agave cru
> Miel du marché

* CÉRÉALES *

> Millet
> Avoine à grains entiers
> Riz brun
> Muesli frais
> Quinoa (pseudo-céréale)

* PRODUITS LAITIERS *

> Lait cru ou biologique
> Lait de noix de coco
> Crème épaisse
> Beurre frais
> Fromages variés
> Yogourt nature à la grecque

Les bébés aiment les saveurs !

Des parents me demandent souvent: «Est-ce que je peux servir à mon bébé des épices, des herbes et des saveurs de ma culture?» La réponse est toute simple: oui! Le bébé préfère une nourriture pleine de saveurs, tout autant que l'adulte. Ainsi, nous pouvons contribuer à éduquer son palais. Le bébé mange ce qui lui est proposé.

Il s'agit de modérer la quantité d'épices dans son alimentation jusqu'à ce qu'il soit bien habitué au goût. Ajoutez des condiments tels l'oignon et l'ail pour relever les purées fades. Vous aiderez alors votre bébé à apprécier un large éventail d'aliments.

Mélange de purées de légumes grillés

8 mois et plus

DONNE 5 TASSES (1,25 L) OU 10 PORTIONS

RECETTE DEUX EN UNE : **SOUPE AU POTIRON**, PAGE 170

Voici un plat amusant à préparer, car vous pouvez improviser selon ce que vous avez sous la main, dans votre potager ou au réfrigérateur. Je dis toujours qu'on ne peut se tromper, pourvu qu'on ait des oignons et de l'ail dans le garde-manger. Rappelez-vous que votre bébé aime les saveurs autant que vous. N'hésitez pas à introduire les épices dans son alimentation.

3 carottes, pelées et hachées

3 petites pommes de terre Yellow Finn, tranchées en rondelles

1 potiron, coupé en deux, les graines enlevées

1 oignon rouge, haché

4 gousses d'ail, émincées

1. Préchauffer le four à 350 °F (180 °C ou température 4).

2. Placer les carottes, les pommes de terre, les moitiés de potiron, face vers le bas, l'oignon rouge et l'ail sur une plaque à pâtisserie tapissée de papier sulfurisé. Cuire les légumes au four de 30 à 40 minutes, jusqu'à ce qu'ils soient tendres.

3. Avec une cuillère, prélever la chair du potiron. La verser ainsi que tous les autres ingrédients dans un mélangeur avec ½ tasse (125 ml) d'eau, puis réduire en purée lisse. Ajouter davantage d'eau au besoin afin d'obtenir la consistance souhaitée.

REMARQUE

À défaut de pommes de terre Yellow Finn, au goût de beurre très crémeux, vous pouvez opter pour des Yukon Gold.

Purée de betteraves et de petits fruits

9 mois et plus

DONNE 2 TASSES (500 ML) OU 4 PORTIONS

RECETTE DEUX EN UNE : **PETITS GÂTEAUX AUX BETTERAVES ET AU CHOCOLAT,** PAGE 171

Les betteraves contiennent beaucoup de vitamine B et de magnésium. Elles ont toutefois une saveur bien particulière. Si vous ne voulez pas les servir seules, essayez cette recette. Le goût sucré des petits fruits les rendra plus appétissantes.

1 betterave entière, pelée, coupée en dés
1 tasse (145 g) de petits fruits (framboises, fraises ou bleuets)

1. Cuire la betterave à la vapeur de 12 à 15 minutes, jusqu'à ce qu'elle soit tendre.
2. Réserver l'eau de cuisson.
3. Réduire en purée lisse la betterave et les petits fruits crus dans un robot culinaire, avec ¼ tasse (60 ml) de l'eau réservée. Ajouter plus d'eau au besoin pour obtenir la consistance souhaitée.

purées d'hiver

Purée de pommes, de canneberges et de raisins secs

7 mois et plus

DONNE 2 ½ TASSES (625 ML) OU 4 PORTIONS POUR BÉBÉ

RECETTE DEUX EN UNE : **MUFFINS SANTÉ DU DÉJEUNER,** PAGE 172

....

Voici un plat au goût aigre. N'essayez surtout pas de le masquer ! Servir à votre bébé des aliments aux saveurs prononcées est tout à fait recommandé. Ce faisant, son palais s'habituera à trouver un juste équilibre entre ce qu'il aime et ce qu'il aime moins, et il parviendra ainsi à développer ses goûts.

1 tasse (100 g) de canneberges fraîches
3 pommes Fuji
½ tasse (75 g) de raisins secs
Le jus d'un demi-citron (citron Meyer, si possible)

1. Cuire ensemble les canneberges et les pommes à la vapeur, de 8 à 10 minutes ou jusqu'à ce qu'elles soient tendres.

2. Ajouter les raisins secs et cuire à la vapeur 2 minutes de plus. Réserver l'eau de cuisson.

3. Réduire en purée lisse les canneberges, les pommes et les raisins secs dans un robot culinaire, avec ¼ tasse du liquide réservé et le jus de citron. Ajouter plus d'eau au besoin pour obtenir la consistance souhaitée.

REMARQUE

....

Les citrons Meyer sont le résultat d'un croisement entre un citron et une mandarine. Ils ont donc une saveur aigre plus nuancée et deviennent de plus en plus populaires. Gardez l'œil ouvert, et essayez-les quand vous en trouvez.

purées d'hiver

Purée de patates douces et de noix de cajou

9 mois et plus

DONNE 2 ½ TASSES (625 ML) OU 4 À 5 PORTIONS POUR BÉBÉ

RECETTE DEUX EN UNE : **BEURRE DE PATATES DOUCES À L'ÉRABLE** PAGE 173

Durant la période des Fêtes, les patates douces sont à l'honneur autour de notre table. Nous les apprêtons de mille et une façons, car nous en raffolons. Cette recette comprend un petit goût de noisette qui transformera ce plat tout simple en une variante que votre bébé adorera et qui, par ailleurs, lui fournira les protéines dont il a besoin.

1 patate douce entière, pelée et coupée en dés
½ tasse (75 g) de noix de cajou non salées, moulues dans un moulin à café

1. Cuire les morceaux de patate douce à la vapeur de 12 à 15 minutes ou jusqu'à ce qu'ils soient tendres. Réserver l'eau de cuisson.

2. Réduire les morceaux de patate douce en purée lisse dans un robot culinaire, avec ¼ tasse (60 ml) de l'eau réservée et la poudre de noix de cajou. Ajouter plus d'eau au besoin pour obtenir la consistance souhaitée.

À propos des jus

Il n'est pas nécessaire de donner des jus à votre bébé, surtout pas avant qu'il ait un an. Les fabricants ajoutent énormément de sucre dans leurs jus ; il n'est pas avisé d'en acheter. Même les jus dont l'étiquette indique « sans sucre ajouté » ont subi beaucoup de transformations, et ils ne sont pas très bons pour les enfants.

Si vous voulez offrir à vos enfants un substitut à l'eau, qui est de loin la meilleure boisson, essayez la tisane. Il ne s'agit pas de thé mais d'extraits de fleurs sauvages, et elle ne contient pas de théine. Sucrez-la avec un peu de miel acheté chez un apiculteur local, et vous obtiendrez une bonne boisson rafraîchissante. Essayez la tisane à la menthe, à la pêche ou au citron ainsi que la camomille. Vous renforcerez ainsi le système immunitaire de vos enfants et les habituerez à boire de savoureuses boissons moins sucrées.

purées d'hiver

Repas consistant au chutney de pommes, de patates douces et de tomates

12 mois et plus (à cause du miel dans cette recette)

DONNE ENVIRON 4 TASSES (1 L) OU 6 PORTIONS

RECETTE DEUX EN UNE : **COUSCOUS ÉPICÉ À L'INDIENNE,** PAGE 174

Mes enfants aiment les mets indiens puisqu'ils en mangent depuis qu'ils sont tout petits. Le sucré-salé convient au palais des bébés. Introduisez-le dans leur alimentation afin de développer leur goût de l'aventure dans le monde des nouvelles saveurs.
La recette ci-dessous peut être servie avec des craquelins et des olives lors d'une fête.

6 pommes, pelées et coupées

6 tomates, pelées et hachées

½ petite patate douce, pelée et hachée

2 gros oignons jaunes, hachés

2 gousses d'ail, émincées

1 tasse (178 g) de dattes dénoyautées, hachées

2 cuillerées à thé de cardamome moulue

2 cuillerées à thé de curcuma

2 cuillerées à thé de cumin moulu

2 tasses (500 ml) de miel

2 tasses (400 g) de sucre de canne naturel

1 cuillerée à soupe de germe de blé

1 cuillerée à thé de sel de mer

½ cuillerée à thé de poivre

2 tasses (500 ml) de vinaigre distillé

1. Dans une grande casserole, mélanger tous les ingrédients. Porter à ébullition, puis réduire le feu. Laisser mijoter de 45 à 50 minutes, en remuant fréquemment jusqu'à ce que le mélange devienne épais.

2. Avec une louche, verser le chutney dans des bocaux en verre, et sceller ceux-ci avec des couvercles hermétiques.

REMARQUE

Cette recette se conserve jusqu'à quatre semaines au réfrigérateur.

Purée de chou-fleur au fromage

12 mois et plus

DONNE 3 TASSES (750 ML) OU 5 PORTIONS POUR BÉBÉ

RECETTE DEUX EN UNE : **POMMES DE TERRE FARCIES AU CHOU-FLEUR ET AU FROMAGE,** PAGE 174

Le chou-fleur fait une bonne purée pour bébé. Sa saveur douce se marie bien avec le goût du fromage. Ce légume est riche en vitamine C et en fibres.

2 tasses (200 g) de bouquets de chou-fleur, hachés
½ tasse (125 ml) de crème épaisse
½ tasse (60 g) de gruyère râpé
½ tasse (60 g) de cheddar fort, râpé
¼ cuillerée à thé de muscade

1. Cuire le chou-fleur à la vapeur de 10 à 12 minutes, jusqu'à ce qu'il soit tendre.

2. Réserver l'eau de cuisson.

3. Dans une petite casserole, à feu moyen, mélanger la crème, les fromages et la muscade, puis cuire jusqu'à ce que tout soit fondu.

4. Réduire en purée lisse le chou-fleur et le mélange de fromage, avec ¼ tasse (60 ml) d'eau réservée. Ajouter plus d'eau au besoin pour obtenir la consistance souhaitée.

purées d'hiver

Repas consistant aux céréales, aux fruits et aux noix

12 mois et plus

DONNE 10 TASSES (2,5 L) OU 20 PORTIONS POUR BÉBÉ

RECETTE DEUX EN UNE : **BISCUITS AMÉRICAINS AUX POMMES ET AUX NOIX DE PÉCAN,** PAGE 175

Voici un déjeuner chaud cuit à la mijoteuse. Les bébés autant que les adultes l'adoreront. Tous commenceront bien leur journée, le ventre plein.

1 poire, pelée et coupée en petits dés
3 pommes Fuji, pelées et coupées en petits dés
1 tasse (80 g) d'avoine épointée, crue
1 tasse (185 g) de millet, cru
1 tasse (175 g) de quinoa, cru
1 cuillerée à thé de germe de blé
1 cuillerée à thé de graines de lin moulues
2 ½ tasses (570 ml) de lait de soya
5 tasses (1,25 l) d'eau
1 tasse (145 g) de raisins secs
½ tasse (110 g) de noix de pécan hachées

1. Placer tous les ingrédients dans une mijoteuse et cuire à feu doux, toute la nuit ou pendant 8 heures.
2. Servir chaud le matin, au déjeuner.

Purée de brocoli, de poireau et de basilic

9 mois et plus

DONNE 2 ½ TASSES (625 ML) OU 5 PORTIONS POUR BÉBÉ

RECETTE DEUX EN UNE : **TACOS AU BIFTECK DE FLANC AVEC AÏOLI,** PAGE 176

Le basilic est merveilleux. Traditionnellement utilisé dans beaucoup de plats italiens, il peut l'être également dans une grande variété de recettes. Riche en fer, il possède des propriétés antibactériennes.

1 tasse (70 g) de brocoli, haché en petits morceaux
1 petit poireau, haché en petits morceaux
1 tasse (40 g) de basilic frais, haché

1. Cuire le brocoli et le poireau à la vapeur de 7 à 10 minutes, jusqu'à ce qu'ils soient tendres. Réserver l'eau de cuisson.

2. Réduire en purée lisse le brocoli, le poireau et le basilic dans un mélangeur ou un robot culinaire. Ajouter 1 cuillerée à thé d'eau de cuisson à la fois, au besoin, afin d'obtenir la consistance souhaitée.

Quelques idées de collations saines et vite faites

> Craquelins de blé entier tartinés de beurre et de miel.
> Tranches de pommes tartinées de beurre d'amandes.
> Yogourt mélangé à de la purée de fruits puis garni de muesli.
> Brocoli et sauce fondante au fromage fraîchement râpé.
> Croustilles de céréales de grains entiers et salsa.
> Croustilles de bette à carde.
> Sucettes glacées aux légumes.
> Fromage, saucisson fraîchement tranché et craquelins de céréales de grains entiers tartinés de miel de tournesol.
> Olives variées (sans noyau).

Repas consistant au poulet et aux légumes

10 mois et plus

DONNE 5 TASSES (1,25 L) OU 10 PORTIONS POUR BÉBÉ

RECETTE DEUX EN UNE : **SOUPE AU POULET ET À L'ÉCHINACÉE,** PAGE 177

....

Bien que l'hiver soit une saison agréable, il comporte aussi son lot de rhumes. Cette soupe au poulet bien chaude était ce que la plupart de nos grand-mères prescrivaient. En y mettant une petite touche maternelle, vous renforcerez au centuple le système immunitaire de vos enfants. Je ne peux certes le prouver, mais je sais que c'est vrai. L'amour maternel fait parfois des miracles.

6 tasses (1,5 l) d'eau
1 petit poulet (biologique de préférence)
1 carotte, hachée
1 oignon jaune, haché
1 branche de céleri, hachée
2 gousses d'ail, émincées
2 brins de thym frais

1. Dans une grande casserole, porter l'eau à ébullition. Ajouter le poulet entier, la carotte, l'oignon jaune, le céleri, l'ail et le thym.

2. Réduire le feu à doux et laisser cuire de 35 à 45 minutes jusqu'à ce que le poulet soit cuit et que la chair se détache des os.

3. Laisser refroidir. Dans un bol, passer au chinois la moitié du bouillon et réfrigérer pour utilisation ultérieure.

4. Retirer le poulet entier de la casserole et détacher toute la chair de la carcasse. Remettre la chair dans la casserole.

5. Verser le contenu de la casserole dans un mélangeur (de petites quantités à la fois, si nécessaire) jusqu'à obtenir la consistance que le bébé peut manger, en ajoutant du bouillon au besoin.

Purée de bette à carde

7 mois et plus

DONNE 3 TASSES (750 ML) OU 5 PORTIONS POUR BÉBÉ

RECETTE DEUX EN UNE : **GRATIN RÉCONFORTANT AUX POMMES DE TERRE ET À LA BETTE À CARDE,** PAGE 178

....

J'aime servir la bette à carde croustillante à mes enfants comme collation d'après-midi. Tout ce que vous avez à faire, c'est préchauffer le four à 350 °F (180 °C ou température 4), assaisonner la bette à carde fraîche de sel, de poivre et de parmesan, puis cuire de 8 à 10 minutes jusqu'à ce que ce soit croustillant.

3 tasses (200 g) de bette à carde fraîche, hachée

1. Cuire la bette à carde à la vapeur 10 minutes ou jusqu'à ce qu'elle soit tendre. Réserver l'eau de cuisson.

2. Réduire la bette à carde en purée lisse dans un mélangeur ou un robot culinaire avec 2 cuillerées à soupe d'eau réservés. Ajouter plus d'eau au besoin pour obtenir la consistance souhaitée.

purées d'hiver

Purée de prunes

6 mois et plus

DONNE 3 TASSES (750 ML) OU 5 PORTIONS POUR BÉBÉ

RECETTE DEUX EN UNE : **SORBET ITALIEN AUX PRUNES ET À L'ORANGE,** PAGE 178

....

Les prunes sont sucrées et regorgent de fibres et de vitamine C. Cette recette est un classique parmi les aliments pour bébés. Je ne pense pas avoir déjà rencontré un bébé qui ne soit pas friand de prunes. Vous pouvez faire de cette purée des pâtes de fruits séchées. Il s'agit d'étaler une mince couche de purée sur une plaque à pâtisserie et de la laisser cuire toute la nuit, à la plus basse température de votre four. Si ça ne fonctionne pas, servez-la sur des crêpes le lendemain matin.

5 prunes fraîches, hachées, avec la pelure

1. Cuire les prunes à la vapeur de 5 à 7 minutes ou jusqu'à ce qu'elles soient tendres. Réserver l'eau de cuisson.

2. Réduire les prunes en purée lisse avec 2 cuillerées à soupe d'eau réservée. Ajouter plus d'eau au besoin pour obtenir la consistance souhaitée.

purées d'hiver

Repas consistant
à la sauce bolognaise

11 mois et plus

DONNE 6 TASSES (1,5 L) OU 12 PORTIONS POUR BÉBÉ

RECETTE DEUX EN UNE : **LASAGNE BOLOGNAISE,** PAGE 179

La sauce bolognaise est un classique fort populaire de la cuisine italienne. Elle constitue un régal chaud et réconfortant, et elle est bienvenue durant ces mois d'hiver où nous devons passer davantage de temps à l'intérieur. Quand elle mijote, elle embaume la maison d'un arôme délicieux et, d'une certaine façon, attire toute la maisonnée à la cuisine. Vous pouvez, bien sûr, ajouter cette sauce à des spaghettis.

1 cuillerée à soupe d'huile de noix de coco

1 lb (450 g) de bœuf haché maigre

1 oignon jaune, haché finement

3 gousses d'ail, émincées

1 tasse (40 g) de basilic frais, haché finement

¼ tasse (15 g) de persil frais, haché finement

2 grosses tomates, coupées grossièrement

1 boîte (8 onces ou 250 ml) de sauce tomate

½ cuillerée à thé de poudre d'ail

½ cuillerée à thé de sel de mer

½ cuillerée à thé de poivre

1 cuillerée à thé de germe de blé

1. Dans un grand poêlon, chauffer l'huile de noix de coco à feu moyen. Ajouter le bœuf et brunir partiellement.
2. Ajouter l'oignon et les gousses d'ail, et cuire jusqu'à ce que l'oignon soit transparent.
3. Ajouter le basilic, le persil, les tomates, la sauce tomate, les assaisonnements et le germe de blé.
4. Porter à ébullition et laisser mijoter de 20 à 25 minutes.
5. Écraser avec une cuillère en bois au besoin afin d'obtenir la consistance adéquate pour le bébé. Servir chaud.

purées d'hiver

Purée de houmous

9 mois et plus

DONNE 2 TASSES (500 ML) OU 8 PORTIONS POUR BÉBÉ OU POUR ENFANT

RECETTE DEUX EN UNE : **PANINI À LA MOZZARELLA, AUX TOMATES ET AU BASILIC,** PAGE 180

....

Le houmous est une façon savoureuse de procurer à votre bébé les protéines dont il a besoin. Cette recette, très goûteuse, permet à votre bébé de s'habituer à la saveur particulière de cet aliment. Le houmous se marie bien avec les noix, les olives ou les légumes. Vous pouvez aussi le servir à vos enfants plus âgés sur du pain pita chaud, en le garnissant de noix de pin grillées.

1 boîte (14 onces ou 396 g) de pois chiches, égouttés
3 gousses d'ail, émincées
1 cuillerée à soupe d'huile d'olive
3 cuillerées à soupe de jus de citron

1. Réduire en purée tous les ingrédients, puis la passer au mélangeur ou au robot culinaire jusqu'à ce qu'elle ce soit lisse.

Purée au maïs frais

9 mois et plus

DONNE 2 À 3 TASSES (500 À 750 ML) OU 4 À 6 PORTIONS POUR BÉBÉ

RECETTE DEUX EN UNE : **DÉJEUNER DE SAUCISSES ET DE MAÏS**, PAGE 180

....

Le maïs frais est sucré et savoureux, et les bébés l'adorent. Je sais que la fraîcheur du maïs est optimale durant l'été. En hiver, le maïs surgelé est un substitut parfaitement acceptable. Les légumes surgelés ont été cueillis au summum de leur maturité puis congelés très rapidement. Tous leurs nutriments sont donc intacts.

4 épis de maïs frais, épluchés
½ tasse (125 ml) de bouillon de légumes

1. Dans une grande casserole, faire bouillir les épis de maïs 9 minutes.
2. Laisser les épis refroidir. Prélever les grains de maïs et les réserver.
3. Ajouter les grains au bouillon de légumes, puis réduire en purée lisse dans un mélangeur ou un robot culinaire, selon la consistance souhaitée.

REMARQUES

....

> Si vous utilisez du maïs surgelé, remplacez le maïs frais par un paquet de 10 onces (285 g) de grains entiers de maïs. Il n'est pas nécessaire de les décongeler.

> Si vous disposez de restes de grains de maïs, ajoutez-les à une salade verte le lendemain pour un surplus de saveur.

purées d'hiver

Purée aux patates douces, au prosciutto et au fromage

12 mois et plus

DONNE 4 À 5 TASSES (1 À 1,25 L) OU 8 PORTIONS POUR BÉBÉ

RECETTE DEUX EN UNE : **GAUFRES DU DÉJEUNER POUR LE SOUPER,** PAGE 181

Vous aimerez cette recette tout autant que votre bébé. Ces saveurs de sucré et de salé se marient si bien que cette combinaison d'aliments sera une nouvelle expérience gustative pour votre bébé. Comme les enfants plus vieux l'adorent aussi, assurez-vous d'en préparer une plus grande quantité pour la partager avec eux.

2 patates douces, coupées en deux
4 tranches de prosciutto
½ tasse (60 g) de gruyère râpé

1. Préchauffer le four à 400 °F (200 °C ou température 6).
2. Cuire les patates douces au four environ 40 minutes, jusqu'à ce qu'elles soient tendres.
3. Dans les 5 dernières minutes de cuisson, ajouter sur la plaque à pâtisserie, à côté des patates douces, des tranches de prosciutto.
4. Une fois que les patates douces ont refroidi suffisamment pour qu'il soit possible de les manipuler, en prélever l'intérieur avec une cuillère et le déposer dans le bol du mélangeur.
5. Ajouter le prosciutto, le fromage et ¼ tasse (60 ml) d'eau, puis réduire en purée lisse jusqu'à obtenir la consistance souhaitée.

purées d'hiver

Purée de canneberges, de grenades et de yogourt à la grecque

9 mois et plus

DONNE 3 TASSES (750 ML) OU 6 À 8 PORTIONS POUR BÉBÉ

RECETTE DEUX EN UNE : **SUCETTES GLACÉES SUCRÉES ET CRÉMEUSES D'HIVER,** PAGE 181

Cette purée est riche en antioxydants et en protéines. Elle contient aussi les probiotiques essentiels au développement du cerveau de votre bébé. Quand il sera un peu plus âgé, pensez à ajouter des noix hachées à ce yogourt. Vous obtiendrez ainsi un repas encore plus nourrissant.

1 tasse (100 g) de canneberges, fraîches ou surgelées
1 grenade fraîche entière, épépinée
1 ½ tasse (370 g) de yogourt nature à la grecque

1. Cuire les canneberges à la vapeur de 7 à 10 minutes ou jusqu'à ce qu'elles soient tendres. Réserver l'eau de cuisson.

2. Réduire en purée lisse les canneberges, avec les pépins de la grenade et 2 cuillerées à soupe de l'eau réservée.

3. Ajouter le yogourt à la grecque et passer au mélangeur afin d'obtenir la consistance souhaitée.

Soupe au potiron

15 mois et plus

DONNE 8 TASSES (2 L) OU 10 PORTIONS

···

Quand le froid s'installe dans ma région de Chester Springs en Pennsylvanie, nous connaissons des matins et des fins d'après-midi très frisquets. C'est la période de l'année idéale pour préparer une bonne soupe chaude, ô combien savoureuse. Les enfants prennent plaisir à faire pousser des courges dans le potager et à les voir devenir énormes. Les soupes sont une belle façon de procurer à vos enfants une bonne dose de vitamines A et C.

1 cuillerée à soupe d'huile d'olive extravierge
1 oignon jaune, haché
3 gousses d'ail, hachées
4 tasses (980 g) de *mélange de purées*
  ***de légumes grillés* (voir page 148)**
1 boîte (32 onces ou 1 l) de bouillon de poulet
½ tasse (125 ml) de lait de coco
¼ cuillerée à thé de muscade fraîchement râpée
¼ cuillerée à thé de sel de mer
¼ cuillerée à thé de poivre
Noix de pin grillées, pour la garniture
2 cuillerées à soupe de ricotta, pour la garniture
Une pincée de cannelle, pour la garniture

1. Dans une marmite, chauffer l'huile à feu moyen. Ajouter l'oignon et l'ail, puis faire sauter de 8 à 10 minutes.

2. Ajouter le *mélange de purées de légumes grillés* et remuer.

3. Ajouter le bouillon de poulet et le lait de coco. Assaisonner de muscade, de sel et de poivre. Porter à ébullition.

4. Réduire le feu, puis laisser mijoter de 15 à 20 minutes, jusqu'à ce que les saveurs soient bien mélangées.

5. Pendant que la soupe mijote, faire griller une poignée de noix de pin dans une sauteuse, à feu doux. Remuer constamment les noix de pin jusqu'à ce que ce qu'elles soient légèrement brunies, en s'assurant qu'elles ne brûlent pas. Réserver.

6. Avec un mélangeur, réduire la soupe en purée pour obtenir une texture lisse.

7. Garnir de noix de pin, d'une cuillerée de ricotta et d'une petite pincée de cannelle.

Petits gâteaux aux betteraves et au chocolat

18 mois et plus

DONNE 12 À 15 PETITS GÂTEAUX OU PORTIONS

Nous raffolons tous des petits gâteaux maison. Ceux-ci, faits de *purée de betteraves et de petits fruits*, sont encore plus nourrissants et savoureux. Ils conviennent particulièrement à une fête d'anniversaire ou simplement comme collation après l'école.

1 tasse (125 g) de farine tout usage

¾ cuillerée à thé de bicarbonate de soude

¼ cuillerée à thé de poudre levante

¼ cuillerée à thé de sel de mer

3 onces (85 g) de chocolat noir biologique, haché

½ tasse (112 g) de beurre non salé

1 tasse (200 g) de sucre de canne pur

1 œuf, battu

1 tasse (250 ml) de *purée de betteraves et de petits fruits* (voir page 149)

1. Préchauffer le four à 350 °F (180 °C ou température 4).

2. Dans un grand bol, mélanger la farine, le bicarbonate de soude, la poudre levante et le sel.

3. Dans un bol en acier inoxydable, déposer le chocolat haché et le beurre. Placer ce récipient sur une casserole d'eau bouillante, en vous assurant qu'il ne touche pas l'eau. Laisser le beurre et le chocolat fondre ensemble, puis retirer du feu.

4. Ajouter le sucre au mélange de chocolat, puis bien mélanger.

5. Incorporer l'œuf et la *purée de betteraves et de petits fruits*.

6. Incorporer le mélange d'ingrédients secs au grand bol.

7. Placer des chemises en papier dans un moule à petits gâteaux, et remplir chacune aux trois-quarts environ.

8. Cuire de 20 à 25 minutes ou jusqu'à ce qu'un cure-dent inséré au centre en ressorte sec.

9. Laisser refroidir sur une grille métallique, et servir tiède.

REMARQUE

> Vous pouvez garnir vos petits gâteaux de votre glaçage préféré ou de crème fouettée. Assurez-vous de les laisser refroidir au moins 20 minutes avant de les décorer.

Muffins santé du déjeuner

13 mois et plus

DONNE 6 À 8 MUFFINS OU PORTIONS

Ces muffins du déjeuner constituent le plat idéal pour débuter la journée. Vous pouvez les préparer la veille pour un repas rapide avant le départ pour l'école.

2 tasses (250 g) de farine à pâtisserie de blé entier

1 cuillerée à thé de bicarbonate de soude

2 cuillerées à thé de cannelle

1 cuillerée à thé de muscade fraîche

½ cuillerée à thé de sel de mer

½ tasse (112 g) de beurre non salé, ramolli

1 tasse (200 g) de sucre de canne pur

3 œufs

1 ½ tasse (375 ml) de *purée de pommes, de canneberges et de raisins secs* (voir page 151)

½ tasse (60 g) de noix hachées, et un petit peu plus pour la garniture

1. Préchauffer le four à 350 °F (180 °C ou température 4).
2. Mélanger tous les ingrédients secs.
3. Dans un autre bol, en utilisant un batteur à main ou un mélangeur, battre à vitesse moyenne le beurre avec le sucre.
4. Incorporer les œufs, un à la fois, en les battant.
5. Ajouter la *purée de pommes, de canneberges et de raisins secs* et les noix hachées.
6. En mélangeant à basse vitesse, ajouter tout le mélange de farine, graduellement, jusqu'à obtenir la consistance d'une pâte à gâteau. S'assurer que plus aucune trace de farine n'est visible. Ne pas trop mélanger toutefois.
7. Placer des chemises en papier dans un moule à gros muffins, et y déposer le mélange en remplissant chacune des chemises aux trois-quarts. Garnir avec les noix réservées, si désiré.
8. Cuire au four de 18 à 20 minutes ou jusqu'à ce qu'un cure-dent inséré au centre en ressorte sec.
9. Laisser refroidir quelques minutes, et servir tiède.

REMARQUE

Vous pouvez utiliser un moule à muffins et des chemises en papier de format régulier, si c'est ce dont vous disposez. Vous obtiendrez alors un peu plus de muffins que la quantité indiquée. Assurez-vous de surveiller le temps de cuisson au four, qui devrait normalement être un peu plus court.

Beurre de patates douces à l'érable

13 mois et plus

DONNE 2 TASSES (500 ML)

....

Près de chez moi se trouve Seven Stars Farm, une ferme laitière formidable. Ma famille et moi en avons rencontré les propriétaires. Bodhi, mon fils de quatre ans, s'y rend pour caresser les génisses. Il n'y a rien de plus facile que de préparer du beurre maison ; cependant, vous devez vous procurer de la crème fraîche. Celle de cette ferme laitière est si bonne qu'il est difficile de trouver les mots justes pour la décrire.

2 tasses (500 ml) de crème épaisse
¼ tasse (85 g) de sirop d'érable pur
½ cuillerée à thé de sel de mer
½ tasse (125 g) de *purée de patates douces et de noix de cajou* (voir page 152)
Servir avec du pain

1. Dans un grand mélangeur, fouetter la crème, le sirop d'érable et le sel à haute vitesse pendant 10 minutes.

2. Réduire la vitesse à moyenne, puis continuer à fouetter pour dépasser le stade de crème fouettée, jusqu'à ce que la crème devienne une boule de beurre et que le babeurre se sépare.

3. Retirer le babeurre et réserver.

4. Ajouter la *purée de patates douces et de noix de cajou* au beurre et fouetter à vitesse moyenne jusqu'à ce que le tout soit bien mélangé.

5. Verser la boule de beurre dans le mélangeur, dans une étamine ou un linge léger.

6. Enrouler le linge autour du beurre et le tordre pour enlever l'excès de liquide. Donner une forme au beurre si désiré ou le laisser en boule, à l'ancienne.

7. Servir sur du pain chaud, et réfrigérer le reste. Garder le babeurre dans un pot en verre hermétique au réfrigérateur pour d'autres recettes.

REMARQUES

....

❯ Buvez le babeurre : il contient des enzymes bons pour la santé.
❯ Vous pouvez adapter cette recette et préparer du beurre à l'ail grillé ou du beurre de miel. Le seul ingrédient essentiel est la crème épaisse.

Couscous épicé à l'indienne

15 mois et plus

DONNE 4 TASSES (1 L) OU 4 PORTIONS POUR ADULTE,
OU 4 À 6 PORTIONS POUR ENFANT

....

Le couscous est si facile à réussir. Ajoutez-y un délicieux chutney, et servez-le avec du pain naan à l'ail chaud. Vous obtiendrez alors un repas exquis pour toute la famille.

2 ½ tasses (650 ml) d'eau

2 tasses (500 ml) de bouillon de légumes

1 cuillerée à soupe de beurre non salé

3 tasses (525 g) de couscous, cru

2 tasses (500 ml) de *repas consistant au chutney de pommes, de patates douces et de tomates* (voir page 154)

Pain naan à l'ail

1. Dans une casserole munie d'un couvercle, porter à ébullition l'eau, le bouillon de légumes et le beurre.

2. Ajouter le couscous et remuer. Retirer la casserole du feu. Laisser le couscous reposer, à couvert, environ 5 minutes jusqu'à ce qu'il absorbe le liquide. Remuer légèrement avec une fourchette. Il doit être léger et gonflé.

3. Mélanger le couscous avec le *repas consistant au chutney de pommes, de patates douces et de tomates*.

4. Servir avec du pain naan à l'ail chaud.

Pommes de terre farcies au chou-fleur et au fromage

15 mois et plus

DONNE 4 PORTIONS POUR ADULTE OU 8 PORTIONS POUR ENFANT

....

Tout le monde aime les pommes de terre farcies. Elles sont consistantes, réconfortantes et tout simplement délicieuses. J'aime les préparer pour ma famille lors de soirées « amuse-gueule ».

4 pommes de terre Russet

1 tasse (250 ml) de *purée de chou-fleur au fromage* (voir page 155)

½ tasse (50 g) de parmesan râpé

¼ tasse (60 g) de crème sure

¼ tasse (15 g) de ciboulette, hachée

1 tasse (80 g) de prosciutto cuit, haché (comme des miettes de lardons)

Sel de mer et poivre, au goût

1. Préchauffer le four à 375 °F (190 °C ou température 5). Cuire les pommes de terre au four de 50 à 60 minutes, jusqu'à ce qu'elles soient tendres.

2. Couper les pommes de terre en deux. Faire attention, car elles seront très chaudes. Avec une cuillère, prélever la chair en laissant un peu de celle-ci attachée à la pelure, afin d'y verser plus facilement le mélange par la suite.

3. Placer les enveloppes de pommes de terre dans un plat de cuisson en céramique et cuire pendant 15 minutes pour qu'elles deviennent croustillantes, le temps de préparer la garniture.

4. Dans un bol, mélanger la chair des pommes de terre, la *purée de chou-fleur au fromage*, le parmesan, la crème sure et la ciboulette. Assaisonner de sel et de poivre.

5. Avec une cuillère, déposer le mélange dans les coquilles individuelles et garnir de prosciutto. Remettre au four quelques minutes au besoin, puis servir chaud.

Biscuits américains aux pommes et aux noix de pécan

18 mois et plus

DONNE 25 BISCUITS AMÉRICAINS OU PORTIONS

Ces biscuits remplis de protéines sont savoureux et bons pour la santé. Ce sont les préférés de mon petit garçon, River. Nous essayons d'apprendre à nos enfants à bien manger, et constater qu'ils le font nous ravit.

1 tasse (125 g) de farine tout usage
½ tasse (68 g) de farine de blé entier
1 cuillerée à thé de bicarbonate de soude
1 cuillerée à thé de cannelle moulue
½ cuillerée à thé de sel
2 tasses (500 ml) de *repas consistant aux céréales, aux fruits et aux noix* (voir page 157)
1 tasse (340 g) de miel
1 œuf, battu
2 cuillerées à soupe d'huile de noix de coco
1 cuillerée à soupe d'extrait de vanille
Noix de pécan hachées pour la garniture

1. Préchauffer le four à 350 °F (180 °C ou température 4).

2. Mélanger les ingrédients secs.

3. Dans un mélangeur, réduire en purée le *repas consistant aux céréales, aux fruits et aux noix* afin d'obtenir une texture lisse.

4. Dans un autre bol, mélanger la purée, le miel, l'œuf, l'huile de noix de coco et l'extrait de vanille.

5. Ajouter le mélange d'ingrédients secs graduellement. Remuer jusqu'à obtenir la consistance d'une pâte à gâteau.

6. Sur une plaque de cuisson tapissée de papier sulfurisé, déposer, pour chaque biscuit, 1 cuillerée à soupe de pâte et l'aplatir. Pour façonner des biscuits parfaitement ronds, utiliser un emporte-pièce.

7. Garnir chaque rond de pâte de noix de pécan hachées.

8. Cuire de 12 à 15 minutes, jusqu'à ce que les biscuits américains soient légèrement brunis.

9. Laisser refroidir sur une grille métallique avant de servir.

Tacos au bifteck de flanc avec aïoli

17 mois et plus

DONNE 6 PORTIONS

Marier les tacos à de l'aïoli les rend absolument exquis.

POUR L'AÏOLI :

6 gousses d'ail

½ cuillerée à thé de sel de mer

6 jaunes d'œuf

1 cuillerée à thé de moutarde de Dijon

¼ tasse (60 g) de *purée de brocoli, de poireau et de basilic* (voir page 158)

1 ½ tasse (375 ml) d'huile d'olive

POUR LES TACOS :

2 cuillerées à soupe d'huile de noix de coco, à répartir

1 gros oignon rouge, tranché

2 lb (900 g) de bifteck de flanc

¼ cuillerée à thé de sel de mer

¼ cuillerée à thé de poivre

12 à 14 tortillas de maïs, chaudes

1 tasse (150 g) de tomates en grappe

1 tasse (150 g) de feta émietté

1. Dans un mélangeur, placer les gousses d'ail, le sel de mer, les jaunes d'œuf, la moutarde et la *purée de brocoli, de poireau et de basilic*. Réduire en purée lisse en versant très lentement un filet d'huile d'olive. Réserver jusqu'à ce que les tacos soient prêts.

2. Préchauffer le four à 425 °F (220 °C ou température 7).

3. Dans une sauteuse moyenne, chauffer 1 cuillerée à soupe d'huile de noix de coco et faire sauter l'oignon rouge de 7 à 10 minutes ou jusqu'à ce qu'il soit caramélisé. Réserver.

4. Assaisonner les deux côtés du bifteck de flanc de sel et de poivre.

5. Chauffer 1 cuillerée à soupe d'huile de noix de coco, à feu moyen, dans une sauteuse en fonte. Saisir le bifteck 7 minutes de chaque côté.

6. Placer immédiatement la sauteuse en fonte au four pour 5 minutes supplémentaires.

7. Retirer du four et laisser le bifteck de flanc reposer quelques minutes, avant de couper en diagonale, dans le sens inverse des fibres, des tranches d'environ ¼ pouce (6 mm) d'épaisseur.

8. Assembler les tacos en distribuant également sur les tortillas chaudes le bifteck, la garniture, l'oignon rouge sauté, les tomates en grappe coupées en deux et le feta.

Soupe au poulet et à l'échinacée

15 mois et plus

DONNE 8 TASSES OU 10 PORTIONS

Je rehausse la valeur nutritive de cette soupe, préparée à partir d'une purée pour bébés en y ajoutant de l'échinacée. Cet extrait d'herbe sous forme liquide vient renforcer le système immunitaire, si important durant les mois d'hiver. Préparez cette soupe quand votre famille a besoin d'un petit remontant et d'une dose d'amour maternel.

8 à 10 tasses (2 à 2,5 l) d'eau

1 petit poulet

2 carottes, hachées

1 gros oignon jaune, haché

2 branches de céleri, hachées

2 gousses d'ail, émincées

2 brins de thym frais

1 cuillerée à thé de sel de mer

1 cuillerée à thé de poivre

1 cuillerée à soupe de sauce soya faible en sodium

2 cubes de bouillon de poulet

1 cuillerée à thé d'échinacée

2 tasses (500 ml) de *repas consistant au poulet et aux légumes* (voir page 161)

1. Dans une grande casserole, porter l'eau à ébullition. Ajouter le poulet entier, les carottes, l'oignon jaune, le céleri, l'ail, le thym, le sel, le poivre, la sauce soya et les cubes de bouillon de poulet.

2. Réduire le feu à doux et laisser cuire de 35 à 45 minutes, jusqu'à ce que le poulet soit cuit et que la chair se détache des os.

3. Retirer le poulet entier de la casserole et détacher toute la chair de la carcasse. Remettre la chair dans la casserole. Ajouter l'échinacée et le *repas consistant au poulet et aux légumes*.

4. Laisser la soupe mijoter de feu doux à moyen, jusqu'à ce qu'elle soit prête à servir.

Gratin réconfortant aux pommes de terre et à la bette à carde

15 mois et plus

DONNE 4 PORTIONS POUR ADULTE OU 6 PORTIONS POUR ENFANT

....

2 cuillerées à soupe de beurre non salé

5 pommes de terre rouges, tranchées finement avec une mandoline

2 gousses d'ail, émincées

1 cuillerée à thé de sel de mer

1 cuillerée à thé de poivre

1 cuillerée à thé de paprika

1 tasse (120 g) de cheddar râpé

1 tasse (100 g) de parmesan râpé

1 tasse (120 g) de cheddar blanc fort râpé

1 tasse (250 ml) de *purée de bette à carde* (voir page 162)

1 tasse (250 ml) de crème épaisse

1 tasse (250 ml) de lait

1. Préchauffer le four à 375 °F (190 °C ou température 5). Graisser avec du beurre un plat de cuisson de 9 x 13 pouces (22 x 33 cm).

2. Disposer un tiers des pommes de terre tranchées uniformément au fond du plat. Saupoudrer les pommes de terre du tiers d'un mélange d'ail, de sel, de poivre, de paprika, de fromage, puis du tiers de la *purée de bette à carde*.

3. Répéter l'étape précédente deux fois, en terminant avec la purée.

4. Mélanger la crème et le lait, puis verser lentement sur le mélange de pommes de terre en étalant uniformément.

5. Couvrir le plat de cuisson de papier d'aluminium et cuire de 25 à 30 minutes. Laisser cuire 7 minutes de plus sans l'aluminium.

6. Laisser reposer de 15 à 20 minutes avant de couper.

Sorbet italien aux prunes et à l'orange

14 mois et plus

DONNE 4 À 5 PORTIONS

....

Succulent. C'est tout ce que je peux en dire. Toute la famille aime ce sorbet, surtout dans les moments où l'on se sent moins en forme.

1 tasse (250 ml) d'eau

1 cuillerée à thé d'extrait de vanille

2 cuillerées à soupe de sucre

3 tasses (750 ml) de *purée de prunes* (voir page 163)

Le jus de deux oranges

1. Dans une casserole moyenne, à feu vif, faire chauffer l'eau, la vanille et le sucre. Quand le tout commence à frémir, réduire le feu à moyen et laisser mijoter de 5 à 7 minutes, jusqu'à ce que le liquide réduise d'un quart.

2. Dans un grand bol, mélanger la *purée de prunes* et le jus d'orange.

3. Verser le mélange de sucre sur le mélange de purée de prunes et remuer.

4. Verser le tout dans un plat de cuisson profond et mettre au congélateur pour la nuit.

5. Avec une cuillère, servir la glace dans des bols.

Lasagne bolognaise

17 mois et plus

DONNE 10 À 12 PORTIONS

La lasagne est le plat idéal à préparer avec l'aide des enfants. Ils aiment étaler les pâtes dans le plat de cuisson, verser de grosses cuillerées de sauce bolognaise puis prendre à pleines mains la mozzarella râpée. Je laisse même mon fils River, âgé de 19 mois, nous aider quand la famille est prête à assembler la lasagne sur la chaîne de montage. Les enfants sont bien plus capables qu'on ne le croit. Ils acquièrent ainsi traditions culinaires, sens du partage et souvenirs inoubliables.

1 paquet de 9 onces (255 g) de pâtes de lasagne

2 tasses (230 g) de mozzarella râpée, à répartir

2 tasses (500 g) de ricotta

1 tasse (100 g) de parmesan râpé

2 œufs, battus

5 tasses (1,25 l) de *repas consistant à la sauce bolognaise* (voir page 164)

1 cuillerée à soupe de câpres

1 tasse (130 g) de carottes, hachées

1 tasse (120 g) de courgettes, hachées

1. Préchauffer le four à 350 °F (180 °C ou température 4).

2. Cuire les pâtes à lasagne en suivant les instructions sur la boîte. Égoutter et réserver.

3. Dans un grand bol, mélanger les fromages avec les deux œufs. Réserver environ ¼ tasse (30 g) de la mozzarella pour garnir la dernière couche.

4. Dans un autre bol, mélanger le *repas consistant à la sauce bolognaise* avec les câpres, les carottes et les courgettes. Votre sauce est prête.

5. Au fond d'un plat de cuisson de 9 x 13 pouces (22 x 33 cm), étendre un tiers des pâtes à lasagne.

6. Garnir avec le tiers de la sauce et le tiers du fromage. Répéter cette étape trois fois. Garnir la dernière couche avec le reste de la mozzarella.

7. Couvrir de papier d'aluminium et cuire pendant 30 minutes. Enlever le papier d'aluminium, puis laisser cuire pendant encore 10 minutes.

8. Laisser reposer de 15 à 20 minutes avant de trancher, pour que la lasagne ait le temps de se raffermir un peu. Servir chaud.

Panini à la mozzarella, aux tomates et au basilic

15 mois et plus

DONNE 2 PORTIONS POUR ADULTE OU 4 PORTIONS POUR ENFANT

....

J'adore les paninis, et mon petit River ne peut s'en passer. Un sandwich chaud savoureux constitue le déjeuner parfait durant la saison froide. Investir dans l'achat d'un gril pour panini est vraiment profitable, car les variantes de sandwichs sont innombrables et le goût est toujours au rendez-vous.

4 tranches de pain ciabatta

½ tasse (125 g) de *purée de houmous* (voir page 166), à répartir

4 tranches minces de mozzarella fraîche, coupée d'un morceau rond, à répartir

1 tomate, tranchée en fines rondelles, à répartir

8 grosses feuilles de basilic frais, à répartir

2 cuillerées à soupe de vinaigre balsamique, à répartir

1. Préchauffer le gril pour panini.

2. Tartiner de *purée de houmous* les 4 tranches de pain. Assembler les sandwichs en étalant sur 2 des tranches de pain : une tranche de mozzarella, quelques tranches de tomate, 4 feuilles de basilic, environ 1 cuillerée à soupe de vinaigre balsamique et une dernière tranche de mozzarella. Placer les 2 autres tranches de pain sur le dessus, le côté tartiné de houmous face vers le bas.

3. Placer délicatement les sandwichs sur le gril et cuire jusqu'à ce que fromage soit fondu. Le tout devrait prendre environ 6 minutes (3 minutes de chaque côté si vous préférez retourner vos paninis).

4. Servir chaud.

Déjeuner de saucisses et de maïs

15 mois et plus

DONNE 8 À 10 PORTIONS

....

Voici un déjeuner consistant très facile à préparer. Nous organisons souvent de grandes réunions de famille le matin. Je suis toujours excitée à l'idée d'offrir quelques plats salés à mes invités, en même temps qu'une variété de plats sucrés. Comme je suis une maman occupée, cette recette est celle que je concocte le plus souvent.

½ lb (225 g) de saucisse italienne, la peau enlevée

1 ½ tasse (375 ml) de lait entier

8 tranches de pain au levain ou de pain brioché, coupées en dés

1 tasse (120 g) de cheddar râpé

1 tasse (120 g) de monterey jack râpé

11 œufs, bien battus

1 tasse (250 ml) de *purée au maïs frais* (voir page 167)

1. Préchauffer le four à 350 °F (180 °C ou température 4).

2. Dans une sauteuse moyenne, cuire la saucisse à feu vif environ 5 minutes, tout en émiettant la chair en petits morceaux.

3. Quand la viande est brunie et cuite, la déposer dans un plat de 9 x 13 pouces (22 x 33 cm).

4. Dans un grand bol, mélanger le lait, le pain, les fromages, les œufs et la *purée au maïs frais*.

5. Verser le mélange sur la saucisse.

6. Cuire pendant 25 minutes à couvert, puis à découvert pendant 20 à 30 minutes de plus.

Gaufres du déjeuner pour le souper

15 mois et plus

DONNE 6 À 8 GAUFRES

....

Nous aimons servir au souper cette recette de déjeuner. Servez vos gaufres accompagnées de sirop d'érable pur, et vous serez au septième ciel. **Remarque :** Vous aurez besoin d'un gaufrier pour ce plat.

1 ¾ tasse (220 g) de farine tout usage
2 cuillerées à thé de poudre levante
½ cuillerée à thé de sel de mer
1 cuillerée à thé de cannelle
½ cuillerée à thé de muscade moulue
1 cuillerée à thé de graines de lin moulues
2 œufs, battus
1 tasse (250 ml) de lait
½ cuillerée à thé d'extrait de vanille
½ tasse (125 g) de *purée aux patates douces, au prosciutto et au fromage* (voir page 168)
2 cuillerées à soupe de beurre, pour servir
½ tasse (68 g) de pistaches hachées, pour servir
1 tasse (340 g) de sirop d'érable pur, pour servir

1. Préchauffer le gaufrier.

2. Dans un grand bol, mélanger la farine, la poudre levante, le sel de mer, la cannelle, la muscade et les graines de lin moulues.

3. Dans un autre bol, à l'aide d'un fouet, battre les œufs avec le lait et la vanille.

4. Incorporer la *purée aux patates douces, au prosciutto et au fromage*. Si la pâte semble trop épaisse, ajouter du lait. Elle doit avoir la consistance d'une pâte à crêpes.

5. Vaporiser le gaufrier de gras en aérosol antiadhésif si désiré.

6. Avec une louche, verser ½ tasse (125 ml) de la pâte sur le gaufrier. Cuire jusqu'à ce que la gaufre soit dorée.

7. Garnir de beurre, de pistaches et de sirop d'érable. Servir chaud.

Sucettes glacées sucrées et crémeuses d'hiver

13 mois et plus

DONNE 12 À 15 SUCETTES GLACÉES

....

Même en hiver, les sucettes glacées plaisent particulièrement à ma maisonnée. Les manger devant un feu de foyer est l'activité préférée de l'un de mes enfants. Quoi de plus agréable que de regarder confortablement la neige à la fenêtre, tout en suçant une friandise ? **Remarque :** Vous aurez besoin de moules à sucettes, ou de quelques petits contenants en papier, et de bâtonnets en bois pour préparer cette recette.

3 tasses (750 ml) de *purée de canneberges, de grenades et de yogourt à la grecque* (voir page 169)
1 ananas entier, écorcé et coupé grossièrement
¼ tasse (85 g) de miel

1. Réduire en purée lisse tous les ingrédients dans un mélangeur ou un robot culinaire.

2. Verser dans des contenants en papier individuels ou dans des moules à sucettes, au choix, puis mettre au congélateur.

ressources

Produits alimentaires d'épicerie

ALIMENTS MERCI
www.alimentsmerci.com

BIO TERRE
201, rue Saint-Viateur Ouest
Montréal (Québec) H2T 2L6
bio-terre. com

BIOTIFUL
104, avenue Laurier Ouest
Montréal (Québec) H2T 2N7
biotiful. ca

CLUB ORGANIC
4341, rue Frontenac
Montréal (Québec) H2H 2M4
www.epiceriebiologique.ca/index.php/fr

ÉPICERIE MONDIANA
1130, rue Bélanger
Montréal (Québec) H2S 1H4
www.equicosta.com/fr/mondiana

ÉPICERIE SANTÉ ALFALFA
7070, avenue Henri Julien
Montréal (Québec) H2S 3S3
epiceriesantealfalfa. ca

ÉPICERIE SEGAL
4001, boulevard Saint-Laurent
Montréal (Québec) H2W 1Y9

MARCHÉS ATWATER, JEAN-TALON, MAISONNEUVE, DE LACHINE
www.marchespublics-mtl.com

RACHELLE-BÉRY
www.rachelle-bery.com/fr

TOURNESOL ALIMENTS NATURELS ET BIOLOGIQUES
1251, rue Beaubien Est
Montréal (Québec) H2S 1V1

Herboristerie

HERBARÔME, LA BOTTINE AUX HERBES
Herboristerie traditionnelle, aromathérapie
et tisanerie
3778 A, rue Saint-Denis
Montréal (Québec) H2W 2M1
www.bottineauxherbes.com/achat/default.asp

NOBLESSENCE
« Soins, Écologie, Conscience »
5209, rue Saint-Denis
Montréal (Québec) H2J 2M1
www.noblessence.com

à propos de l'auteure

Anni Daulter, cuisinière professionnelle, défend un mode de vie durable. Nous lui devons les ouvrages suivants : *Organically Raised : Conscious Cooking for Babies and Toddlers, Ice Pop Joy, The Organic Family Cookbook, Naturally Fun Parties for Kids* et *Sacred Pregnancy*.

Anni a fondé Bohemian Baby, une compagnie de nourriture pour bébés préparée à partir d'aliments frais et biologiques. Elle œuvre actuellement, à titre de spécialiste en alimentation saine, pour l'organisme à but non lucratif Healthy Child Healthy World, et est ambassadrice pour Nordic Naturals. Elle apporte également son expérience aux groupes Hot Moms Club, City Mommy, Citibabes NY, Mindful Mama, Green Moms et Macaroni Kid.

Anni vit en Pennsylvanie avec son mari et ses quatre enfants. Vous pouvez consulter ses sites Internet aux adresses suivantes : https://www.facebook.com/anni.daulter et www.sacredpregnancy.com.

à propos de la photographe

Elena Rego est auteure et photographe. Elle est engagée dans la création d'œuvres incitant à une prise de conscience devant notre mode de vie. Profondément attirée par la culture de la table, elle a conçu un blogue sur la nourriture. Dans www.foodpractice.com, elle explore le monde des recettes, des rites durant les repas et de l'écogastronomie, au moyen d'attrayantes photographies de plats.

Elena prépare actuellement un ouvrage sur les principes de base des pratiques alimentaires, tout en profitant pleinement de sa nouvelle demeure sur l'île luxuriante de Maui, où elle vit avec son amoureux et leur chien.

remerciements

Je souhaite remercier plusieurs personnes

sans lesquelles la publication de cet ouvrage n'aurait pas été possible. Les livres de recettes sont difficiles à concevoir, et les mener à terme nécessite la collaboration d'un grand nombre de gens. Ce titre est mon sixième en trois ans. J'ai encore peine à croire que tout ce monde a une nouvelle fois fourni beaucoup d'efforts pour concrétiser ce projet d'écriture. Merci.

Comme toujours, je tiens à remercier ma famille. Mon mari Tim pour son soutien indéfectible et ses encouragements. À chaque instant, son aide a été sans limites. Je suis tellement reconnaissante pour tout ce que tu fais pour moi et notre famille. Mes enfants chéris, Lotus, Zoe, Bodhi et River, qui m'ont enseigné la patience, la compréhension et l'amour le plus profond qui soit. Vous êtes tous la délicieuse purée dans mes petits gâteaux !

À maman que j'aime tant ; merci d'être fière de moi et de mon travail.

Merci à Sally Ekus, mon agente pour ce livre.

À mon éditrice, Amanda Waddell, merci d'avoir porté ce livre de manière si amusante et si inspirante. Merci aussi à tous les graphistes et éditeurs de Fair Winds pour leur contribution.

Elena, nous avons réussi ! Ce fut un partenariat fructueux. Je suis très contente d'avoir collaboré de nouveau avec toi pour concevoir ce livre. Te souviens-tu de Spiral Musings ? Nous en avons parcouru du chemin, depuis. Je t'adore et te considère comme une sœur.

À Cari Ellen, merci pour ton aide au moment des dernières prises de photos. Nous apprécions ton travail. Visitez son site Internet à l'adresse suivante pour en savoir plus : www.cariellen.dphoto.com.

Merci à Gina Sabatella (www.sabatellafoto.com), Alexandra DeFurio (www.defuriophotography.com), Tnah DiDanto (www.bellafacciafoto.com) et Denne Boring (http://dennealisephotography.com), pour avoir partagé votre talent avec moi.

Ellen, merci beaucoup de m'avoir prise sous ton aile, d'avoir plongé dans mon univers et de m'avoir autant aidée. Le déjeuner que tu nous as apporté lors de cette journée chez Bobby m'a sauvée. Tu es restée dans la cuisine avec moi toute la nuit afin de m'aider à tout préparer ; un geste au-delà de mes espérances. Tu es une amie formidable.

À Karen, du programme Food for Thought au Kimberton Waldorf School, merci de m'avoir permis d'utiliser votre cuisine et d'être restée afin de m'aider à couper les légumes. Votre projet de préparation des repas à base d'aliments frais et biologiques pour toute l'école, tous les jours, avec des produits alimentaires de la localité, devrait servir de modèle à chacune des institutions scolaires aux États-Unis. Rendez-vous sur leur site Internet à l'adresse suivante : http://kimberton.org/academics/food-for-thought.

Merci à tous mes modèles : Lotus, Bodhi, River, Ceila, Anthony, Koa, Ewen, Estelle, Taj, Ryan, Lake, Jude, Collin, Samantha et Faith.

Merci à Alan Moore de Folk Art, pour avoir conçu l'œuvre d'art naïf unique qui se trouve à la page 1, avec cuillères et couteaux d'époque. Pour en voir davantage, rendez-vous sur son site Internet : www.etsy.com/shop/sweettatersjunkyard.

Merci à Jennifer Babcock, de The Funki Little Frog, pour avoir conçu les magnifiques lettrages du livre. J'apprécie énormément ton travail. Ces petites touches rendent ce livre très amusant. Consultez le site de Jennifer à l'adresse suivante : http://www.etsy.com/shop/TheFunkiLittleFrog.

Merci à Cara Corey de Mary Marie Knits, pour l'utilisation du gros pouf orange dans nos photos. Ton œuvre réjouissante enjolive nos vies. Pour découvrir les ouvrages de Cara, naviguez sur son site dont voici l'adresse : http://fr.etsy.com/shop/marymarieknits

Merci à Sarah Hepworth de Little Miss Loolies pour tes ballons rigolos, utilisés lors de la prise des photos. Voici le site de Sarah : http://www.etsy.com/people/littlemissloolies.

Merci à Cara Graver de Cob Studio pour nous avoir autorisés à prendre des clichés dans son atelier. Visitez le site de Cob Studio à l'adresse www.thecobstudio.com.

Merci à Bobby de la ferme Frog Hollow Farm, pour nous avoir prêté poulet et demeure lors de la prise de photos. Vous êtes un bon ami, et j'adore votre fils Ben qui est rapidement devenu le deuxième adolescent dans ma vie. Consultez la page Facebook de Frog Hollow Farm ; cette ferme est située à Phoenixville en Pennsylvanie.

Merci à Seven Stars Farm de nous avoir permis l'accès à Pearl et aux autres veaux, puis de nous avoir autorisées à photographier vos précieuses vaches. Votre yogourt et votre crème sont incroyables. Je me sens tellement chanceuse d'être votre voisine. Rendez-vous sur le site de Seven Stars Farm à l'adresse suivante : www.sevenstarsfarm.com.

Merci à Susan, pour m'avoir permis d'utiliser ta maison d'amis pour cuisiner et de prendre des photos dans ta ferme. Nous avons hâte de vous revoir.

index